攻守兼备

可转债打新、投资原则及策略方法

◀ 曾 澎 ◎ 著 ▶

中国铁道出版社有限公司
CHINA RAILWAY PUBLISHING HOUSE CO., LTD.

图书在版编目（CIP）数据

攻守兼备：可转债打新、投资原则及策略方法/曾澎著. —北京：中国铁道出版社有限公司，2023.6
ISBN 978-7-113-30002-9

Ⅰ.①攻… Ⅱ.①曾… Ⅲ.①可转换债券-债券投资-基本知识 Ⅳ.①F830.91

中国国家版本馆CIP数据核字(2023)第035180号

书　　名：攻守兼备——可转债打新、投资原则及策略方法
　　　　　GONG-SHOU JIANBEI KEZHUANZHAI DAXIN、TOUZI YUANZE JI CELÜE FANGFA
作　　者：曾　澎

责任编辑：张亚慧　张　明　编辑部电话：(010) 51873035　电子邮箱：lampard@vip.163.com
封面设计：宿　萌
责任校对：苗　丹
责任印制：赵星辰

出版发行：中国铁道出版社有限公司（100054，北京市西城区右安门西街8号）
印　　刷：河北宝昌佳彩印刷有限公司
版　　次：2023年6月第1版　2023年6月第1次印刷
开　　本：710 mm×1 000 mm　1/16　印张：13.5　字数：191千
书　　号：ISBN 978-7-113-30002-9
定　　价：69.00元

版权所有　侵权必究

凡购买铁道版图书，如有印制质量问题，请与本社读者服务部联系调换。电话：(010) 51873174
打击盗版举报电话：(010) 63549461

前　言

2022年是不平凡的一年，在金融市场方面，A股在结束了2021年一整年的震荡行情后，在2022年年初遭遇了大幅下跌，首先是在2022年3月中旬，上证指数跌至3 023.30点，虽惊心动魄，但好歹守住了3 000点大关。然而，伴随着美联储加息落地等一系列利空因素影响，上证指数在2022年4月25日跳空低开，之后迅速失守3 000点大关，收于2 928.51点，当日跌幅高达5.13%。之后的第二天上证指数继续走低，开盘不久就跌破2 900点，第三天上证指数盘中更是创造了阶段性新低。

不仅仅是上证指数，截至2022年5月底，沪深300指数年内跌幅超过15%，创业板指年内跌幅突破25%，整个A股市场笼罩在悲观的阴云之下。其实不单单是国内市场，境外市场也是波涛汹涌，纳斯达克指数、道琼斯指数在2022年不断创下新低，其中纳斯达克指数年内跌幅更是高达25%以上。

在金融市场震荡和急跌的行情下，如何寻找一种低风险、相对高收益的投资标的，逐渐成为投资者迫切关心的问题。相对于股票的高风险、基金的五花八门、期权的复杂烦琐，低风险、高收益的可转债映入了投资者的眼帘。

可转债的低风险是基于可转债的纯债价值而言的。作为一种债券，100元的面值就是可转债的债底，只要可转债不发生违约，那么价格低于100元/张的可转债可以说是无风险套利。

可转债的高收益是基于可转债的价格上涨而言的。可转债不同于普通的债券，转股条款赋予了可转债跟随正股价格波动的权利，只要正股一飞冲天，何患可转债不能一鸣惊人？

因此，"上不封顶、下有保底"成为可转债的基本属性。当然，上不封顶的高收益主要是基于可转债的低风险而言的，相比于动不动就出现十倍股、腰斩股的股票投资，可转债在低风险投资品种中是相对高收益的。

近几年，随着可转债市场的扩容和发展，不少投资者开始选择将可转债纳入自己的投资组合。尤其是2021年可转债市场迎来全面牛市，不少投资者在2021年通过投资可转债实现了50%以上的年化收益率，要知道2021年A股市场一直处于震荡行情，不少股票投资者都感慨挣钱不易。

然而，还有很多投资者不了解可转债。有些投资者追涨杀跌，陷入高价、高溢价的可转债泥潭之中；有些投资者不知道什么是转股溢价率，在可转债转股溢价率百分之几十的时候选择了转股，从而蒙受了巨大的损失；有些投资者不熟悉可转债的强赎规则，在可转债的转股截止日之前没有申请转股，低廉的赎回价让这些投资者痛不欲生。

每次我在股吧、论坛里看到这些因为不熟悉可转债规则而造成巨大损失的案例时都感慨万千。这些案例也让我萌生了撰写本书的想法，通过本书详细地介绍一下可转债的交易规则，系统地分析一下可转债的投资策略。

从阳春三月起笔，到仲夏时节完稿，本书洋洋洒洒十几万字，勾勒出可转债投资的精美画卷。单丝不成线，独木难成林，本书的完成离不开很多人的支持，在此，特别感谢魏喜凤女士和曾繁华先生整理的已退市可转债资料，感谢贾向真先生提供的可转债历史回测数据，感谢矫沛洋女士提供的文本编排帮助，感谢邹穗晞女士为本书提出的宝贵意见。

作　者

2022年12月

目录

第一章 什么是可转债 / 1

一、可转债的历史由来 / 2

二、可转债与普通债券和股票的区别 / 6

三、可转债与可交债的区别 / 8

四、发行可转债公司要求 / 11

五、可转债的认购方式 / 12

六、可转债的发行程序 / 16

七、可转债发行失败 / 20

八、可转债融资的优缺点 / 22

九、可转债的历史收益 / 24

第二章 可转债基础知识 / 27

一、名　　称 / 28

二、价　　格 / 30

三、评　　级 / 34

四、担　　保 / 36

五、转　　股 / 37

六、赎　　回 / 53

七、回　　售 / 66

八、转股与回售如何操作 / 71

九、期　　限 / 74

十、计　　息 / 75

十一、规　　模 / 77

十二、纯债价值与期权价值 / 82

十三、可转债清偿 / 83

第三章　可转债交易规则 / 85

一、集合竞价交易规则 / 86

二、连续竞价交易规则 / 87

三、停牌规则 / 87

四、挂单规则 / 88

第四章　可转债打新 / 95

一、如何打新 / 96

二、中签率测算 / 99

三、配号中签规则 / 102

四、新债上市价格估算 / 103

五、中签后何时卖出 / 106

六、可转债打新收益 / 107

第五章　可转债配售　/　109

一、可转债配售　/　110

二、抢权配售流程　/　111

三、精确算法问题　/　113

四、配售盈亏平衡点　/　115

五、百元股票含权　/　117

六、可转债配售注意事项　/　117

七、抢权配售的风险　/　118

第六章　可转债的四个象限　/　121

一、高价、高溢价可转债　/　122

二、高价、低溢价可转债　/　123

三、低价、低溢价可转债　/　124

四、低价、高溢价可转债　/　124

第七章　低溢价进攻策略　/　129

一、选债标准　/　130

二、风　险　性　/　131

三、低溢价进攻策略实战　/　132

第八章 低价防守策略 / 135

一、选债标准 / 136

二、风 险 性 / 136

三、低价防守策略实战 / 136

第九章 双低轮动策略 / 139

一、何为双低 / 140

二、如何轮动 / 140

三、轮动缺点 / 142

四、双低轮动策略实战 / 145

第十章 博弈下修策略 / 149

一、满足下修条款 / 153

二、正股市净率足够 / 154

三、大股东下修意愿 / 154

四、回售博弈下修 / 155

五、与上市公司沟通下修 / 156

第十一章 综合选债标准 / 159

一、现 价 低 / 160

二、转股溢价率低 / 160

三、下修条款宽松 / 160

四、信用评级高 / 161

五、剩余年限低 / 161

六、剩余规模小 / 162

七、可用资金少 / 162

八、转债占比低 / 163

九、正股 PB ＞ 1 / 164

第十二章　折价套利策略　/　165

一、如何折价套利 / 166

二、折价套利风险 / 166

第十三章　以债代股策略　/　169

一、何为以债代股 / 170

二、选债标准 / 170

第十四章　可转债动态管理　/　173

第十五章　可转债基金　/　175

一、场内可转债基金 / 176

二、场外可转债基金 / 180

第十六章　可转债违约问题　/　183

　　一、几只问题严重的可转债 / 184

　　二、可转债违约 / 202

　　三、如何应对可转债违约情况 / 204

后　　记　/　206

第一章

什么是可转债

  可转债是可转换公司债券的简称。A股市场的可转债经过几十年的发展，目前已经形成了相对完善的转债条款和交易规则。因其具有"上不封顶、下有保底"的特性，可转债受到广大低风险、稳健型投资者的喜爱。

一、可转债的历史由来

可转债是可转换公司债券的简称。可转债是一种债权人可以按照发行时确定的转股价将债券转换成公司股票的债券。如果债权人不想转换，也可以持有可转债至到期赎回，收取本金和利息，或者在二级市场上卖出。可转债的利率一般低于普通公司的债券利率，上市公司发行可转债是一种低成本融资方式。

A股市场上的第一只可转债要追溯到20世纪90年代。1991年，海南新能源股份有限公司发行了3 000万元的琼能源转债，由于琼能源当时还未上市，因此，琼能源转债成为A股历史上首只非上市公司发行的可转债。之后琼能源于1993年6月成功登陆深圳证券交易所（以下简称"深交所""深市"）主板，3 000万元的琼能源转债有30%成功转股。

1992年11月19日至同年12月31日，中国宝安发行了规模为5亿元的宝安转债。宝安转债面值5 000元，期限为3年，初始转股价为25元，票面利率为3%。宝安转债成为第一只在A股上市公司发行的可转债。然而，当时大家对可转债的认知普遍不高，导致宝安转债在二级市场上无人问津，中国宝安股价也长期徘徊在25元/股以下。到了1995年年底宝安转债面临到期时，中国宝安的股价仅为2.8元/股左右，而宝安转债除权后的转股价却高达19.39元/股，最终宝安转债在存续期内仅有2.7%成功转股，宝安转债没有实现强赎，上市公司中国宝安被迫支付了大量现金偿还到期的宝安转债。

1993年11月，中纺机在瑞士市场上发行了3 500万瑞士法郎的B股可转债，中纺机因此成为中国首家在境外市场融资的企业。然而，中纺机股价却一直表现低迷，甚至远低于可转债的转股价。到了1996年，大部分投资者选择了将可转债回售给中纺机，再加上当时人民币相对瑞士法郎大幅贬值，中纺机遭受了巨大的损失。

1995年6月30日至同年7月6日，南玻公司在瑞士市场上发行了4 500万美元的B股可转债。南玻公司在发行南玻转债时考虑得非常周全，选择在1995年美联储降息时发债。然而事与愿违的是，南玻公司股价在发债后持续走低，到了1997年年底有大约71.69%的南玻转债成功转股。1998年8月31日，剩余1 274万美元的南玻转债被投资者回售给南玻公司，回售价高达108.625元/张，对南玻公司产生了不小的影响。

我国在境外上市的企业在20世纪末也有过发行可转债融资的尝试，分别是镇海炼化、庆铃汽车和华能国际。虽然早期的可转债融资尝试并不是很顺利，但是这些企业的实践为我国的可转债市场积累了非常宝贵的经验，促进了我国可转债市场的形成和发展。

1997年3月25日，国务院发布了《可转换公司债券管理暂行办法》，同时国家决定在500家还未上市的国有企业中开展可转债融资试点工作。

1998年，有三家非上市公司发行了可转债，分别是丝绸转债、南化转债和茂炼转债。由于A股股民对新股往往寄予厚望，三只可转债一上市就被爆炒，然而，当市场情绪悲观时，可转债价格又大幅下降。最终前两只可转债的发行公司顺利上市，而茂名石化炼油公司则因为一些原因放弃了上市计划，茂炼转债最后以115元/张的价格进行了回售。

注意，上述三只可转债虽然挂名可转债，但不具备可转可不转的权利，这三只可转债都设置了到期强制转股的条款，意味着投资者如果持有可转债到期，则必须全部转换为对应的正股股票。那么，从严格意义上讲，上述三只可转债属于股权融资而非债权融资。

进入21世纪，可转债在中国市场的发展逐渐完善起来。2000年2月25日，虹桥转债问世。同年3月17日，鞍钢转债问世。

2000年3月16日，机场转债的上市闹了一个乌龙。由于投资者对可转债了解不足，误以为可转债的基准价和基金相同，在机场转债上市首日，开盘价为1.880元/张，最低价为1.200元/张，收盘价为101.580元/张。不过，极具戏剧性的是，上海证券交易所（以下简称"上交所"）盘后宣布当日成交价在75元/张以下的均为废单。

2001年7—10月，上海机场股价走熊，机场转债的价格也下滑不少。但是，机场转债作为一种特殊的债券，纯债价值在下跌行情中表现突出，当正股上海机场从10元/股下跌到9元/股时，机场转债的价格仅仅从103元/张下跌到98元/张左右。而当正股上海机场继续下跌至8元/股附近的时候，机场转债的价格却维持在98元/张上下。机场转债的跌幅明显小于同期正股上海机场的跌幅，可见可转债的纯债保底属性在债市初期就表现得比较明显。

2003年，上海机场股价企稳回升，股票价格开始维持在转股价以上。到了2003年年底，上海机场的股价已经长期维持在转股价的130%以上，上海机场可以选择提前赎回机场转债。于是，公司在2004年2月27日发布公告——上海机场将于2004年4月23日提前赎回未转股的机场转债。在强赎公告发出后，上海机场股价依然表现强劲，机场转债一度达到160元/张以上的高价。

虽然机场转债上市一波三折，但最终完美地以强赎结束了自己的历史使命。机场转债的发行为后来的可转债奠定了基础。机场转债系统地规定了可转债面值、转股价调整公式、赎回条款和回售条款等，可以说是A股历史上具有划时代意义的可转债。

2001年4月，《上市公司发行可转换公司债券实施方法》《上市公司发行可转换公司债券申请文件》《可转换公司债券募集说明书》《可转换公司债券上市公告书》等一系列文件的颁布，掀起了上市公司发行可转债的热潮。根据这些文件的规定，可转债的发行由额度审批制转换为核准制，并且只有符合一定条件的上市公司才能发行可转债，解决了非上市公司在可转债条款中设计强制转股的问题。同时对可转债转股价格的制定和调整、转股期限、赎回和回售条款以及信息披露要求做了明确的规定，提高了可转债的可操作性和规范性。

2002年共有5家上市公司发行了规模高达41.5亿元的可转债，分别是万科企业股份有限公司可转换公司债券（万科转债）、江苏阳光股份有限公司可转换公司债券（阳光转债）、南京水运实业股份有限公司可转换公司债券（水运转债)、北京燕京啤酒股份有限公司可转换公司债券(燕京转债)和吴江丝绸股份有限公司可转换公司债券(丝绸转债)。然而,这5只可转债的条款设计侧重于上市公司融资,对可转债投资者权益保护较差,缺乏对广大投资者的吸引力,再加上当时A股市场整体比较低迷,可转债并不是很受投资者喜爱,承销商不得不包销了大量的可转债。

2002年发行的5只可转债虽然不是特别成功,但是它们也促进了证券监管人员对可转债条款的修改和完善。当时进行的修改主要表现在:① 提高可转债的票面利率,将原来的固定利率变更为逐年增加的累进式利率,进而提高债券人的收益率;② 下调可转债的初始转股溢价率和适当放宽可转债的下修转股价条款,进而提升可转债的股性。

2003—2004年是可转债市场快速发展的两年,在这段时间内,共有28家上市公司发行了规模高达494.53亿元的可转债,发行可转债一度成为上市公司最喜欢的融资手段。

2005年,我国的股权分置改革逐渐拉开序幕,可转债的发行出现了一定程度的滞缓,伴随着之前上市的可转债退市,A股市场上可转债的余量也由2005年年初的334.88亿元降低至2006年上半年的100.24亿元,降幅高达70%左右。

2006年下半年,股权分置改革基本完成,可转债市场有回暖的趋势。当年共有6只可转债发行,募集资金规模达到48.87亿元。同年,《上市公司证券发行管理办法》出台。该办法规定上市公司可以发行分离交易的可转换公司债券。2006年11月19日,A股市场上第一只可分离交易可转债06马钢债和马钢CWB1(马钢权证)同时在上交所发行上市。但是,从严格意义上讲,分离交易可转债不属于可转债的范畴,而是一种附带权证的债券。

2008年10月,中国证券监督管理委员会(以下简称"证监会")发布了《上市公司股东发行可交换公司债券试行规定》,符合条件的上市公司可以使用无限售条件的股票质押发行可交换公司债券进行融资。

2009年,鉴于权证市场投机氛围浓重,争议颇多,分离交易可转债的发行受到管控，当年仅仅新发行了7只可转债，其中一只分离交易可转债融资规模大约为76.61亿元。

2010年，传统的可转债发行比较多，截至年底，共有8只新债发行，融资规模共计717.3亿元，而其中的中行转债和工行转债分别发行了400亿元和250亿元。中行转债和工行转债的发行开启了主板蓝筹股发行新债的时代，首先极大地扩充了可转债市场规模，其次改变了以往以机械、化工、钢铁等行业小规模可转债为主的简单市场结构，使得可转债市场逐步向多元化发展。

2011—2013年，可转债的发行规模有所下降，但平均每年发行的新债规模也都保持在250亿元以上。2014年伴随着牛市行情的来临，新债发行规模直接上升到606亿元左右。2015年牛市逐渐演变为熊市，新债发行规模锐减到37亿元左右。

2017年是可转债发展的关键一年。2017年2月17日，国家发布了上市公司再融资新规，新规限制了上市公司定向增发股票，鼓励上市公司发行可转债。受此影响，可转债发行规模迅速壮大。当年9月，证监会将可转债打新规则由资金申购修改为信用申购，即无须持仓市值即可申购可转债，中签后再进行缴款。信用申购极大地降低了可转债打新门槛，只要是成年人就可以参与可转债打新。在这样的双重利好驱动下，2017年全年可转债发行规模高达2 646.4亿元，比2016年全年发行可转债规模的10倍还要大。

2018年至2023年可转债市场进入良性发展阶段，发行可转债的公司横跨各个行业，可谓百花齐放。

截至2023年3月，A股市场上存在近500只可转债，规模在年底有望突破万亿元。

二、可转债与普通债券和股票的区别

与普通债券相比，可转债同时具有债权性、股权性和可转换性，是一种复杂的混合型金融产品。

债权性是指可转债作为一种债券，具有一般债券的基本属性，如可转债存在规定的面值（100元）、年利率和到期时间，投资者持有可转债到期可以获得本金和利息。但是，要注意的是，可转债的年利率一般要低于普通债券的年利率。

股权性是基于投资者将持有的可转债转换为正股股票而言的。在可转债的存续期内，投资者将持有的可转债转换为对应的正股股票，即成为发债公司普通股股东，进而享有上市公司普通股股东的一切权利，如投票权利、利润分配权利等。

可转换性是可转债与普通债券的主要区别之一。当投资者看好可转债正股后期表现，或者可转债出现折价时，可以选择将持有的可转债转换为正股股票；当投资者认为可转债转股溢价率过高，纯债属性较强时，也可以选择长期持有可转债，获取一定的债券利息。

可转债与股票的主要区别表现在以下几个方面。

1. 交易数量不同

股票的最小交易单位为1手，可转债的最小交易单位也是1手。但是，股票的1手=100股，可转债的1手=10张。

股票的发行价格不同，而可转债的发行价格是固定的，发行面值均为100元。

2. 涨跌幅不同

股票存在涨跌幅限制，主板股票涨跌幅为10%，被特殊处理的股票涨跌幅为5%，科创板和创业板的股票涨跌幅为20%。

可转债不设涨跌幅限制。

3. 交易方式不同

股票实行T+1交易方式，当天买入的股票，需要等到下一个交易日才能卖出。

可转债实行T+0交易方式，当天买入的可转债，当天即可卖出。

4. 交易费用不同

股票交易需要收取佣金、印花税和过户费。

可转债交易只收取佣金，不存在印花税和过户费。

5. 安全性不同

虽然可转债不设涨跌幅限制，但是它的本质是债券，价格往往跌到面值附近就很难下挫了。而股票则可以一直下跌，甚至退市。相对于股票，可转债表现出"上不封顶、下有保底"的特点。

三、可转债与可交债的区别

虽然可转债与可交债的名字只有一字之差，但是二者的区别还是很大的。可交换债券的全称为"可交换他公司股票的债券"，是指上市公司股份的持有者通过抵押其持有的股票给托管机构进而发行的公司债券。该债券的持有人在将来的某个时期内，能按照债券发行时约定的条件，用持有的债券换取发债人抵押的上市公司股权。可交换债券是一种内嵌期权的金融衍生品，严格地说是可转换债券的一种。

可交债的英文名称是Exchangeable Bond，简称EB，因此一般后缀跟有EB的债券都是可交债，如18中化EB（132014）是指中国化学工程集团有限公司公开发行的2018年可交换公司债券。

由于本书主要讨论的内容是可转债，所以在此我们并不具体分析可交债，只是阐述一下可转债与可交债的区别。可转债与可交债的区别主要表现在以下几个方面。

1. 发债主体不同

可交换公司债券的发债主体是上市公司的股东，而可转换公司债券的发债主体是上市公司本身。

2. 发债目的不同

发行可交换公司债券的目的具有特殊性，通常并不是为一些投资项目进行融资，其发债目的包括股权结构调整、投资退出、市值管理、资产流动性管理等。而可转债的发行主要是为了融资，并将募集到的资金用于约定好的投资项目。

3. 所换股份的来源不同

可交换公司债券是发行人持有的其他公司的股份，而可转换公司债券是发行人本身未来发行的新股。简单来讲，可交债换股是与上市公司大股东持有的股份交换，而可转债转股是增加了新的股份。

4. 对公司股本的影响不同

可转换公司债券转股会使上市公司的总股本扩大，上市公司的每股收益随即被摊薄。可交换公司债券换股不会导致标的公司的总股本发生变化，也不会对上市公司的每股收益等指标产生影响。

5. 抵押担保方式不同

上市公司大股东发行可交换债券要以所持有的用于交换的上市公司的股票做质押品，除此之外，发行人还可另行为可交换债券提供担保。上市公司发行可转换公司债券要由第三方提供担保，但最近一期末经审计的净资产不低于15亿元人民币的公司除外。

6. 转股价的确定方式不同

可交换公司债券交换为每股股份的价格应当不低于募集说明书公告日前三十个交易日上市公司股票交易价格平均值的90%。而可转换公司债券的转股价格应不低于募集说明书公告日前二十个交易日该公司股票交易均价和前一个交易日的均价。

7. 转换为股票的期限不同

可交换公司债券自发行结束之日起12个月后可交换为预备交换的股票，而可转换公司债券自发行结束之日起6个月后即可转换为公司股票。

8. 转股价的向下修正方式不同

可交换公司债券没有可以向下修正转换价格的规定，而可转换公司债券可以在满足一定条件时向下修正转股价。

9. 投资者结构不同

目前普通投资者可以投资所有的可转债，而一些可交债只有合格个人投资者或者合格机构投资者可以购买。

其中，合格个人投资者应当符合下列条件：

（1）申请资格认定前二十个交易日名下金融资产日均不低于500万元（或者最近3年个人年均收入不低于50万元，具体需咨询相关的证券营业部）。

（2）具有2年以上证券、基金、期货、黄金、外汇等投资经历，或者具有2年以上金融产品设计、投资、风险管理及相关工作经历，或者属于《深圳证券交易所债券市场投资者适当性管理办法》第七条第（一）项规定的合格投资者的高级管理人员、获得职业资格认证的从事金融相关业务的注册会计师和律师。

合格机构投资者应当属于同时符合下列条件的法人或者其他组织：

（1）最近1年末净资产不低于2 000万元。

（2）最近1年末金融资产不低于1 000万元。

（3）具有2年以上证券、基金、期货、黄金、外汇等投资经历。这里的金融资产是指资金、股票、债券、基金份额等。

截至2022年5月17日，现存的可交债共有9只（见下表），相比之下，可转债的数量要远超可交债的数量。

代 码	转债名称	正股名称	转股价（元/股）	评级	剩余年限（年）	剩余规模（亿元）
132018	G三峡EB1	长江电力	16.74	AAA	1.901	145.087
132014	18中化EB	中国化学	7.39	AAA	0.94	14.887
132020	19蓝星EB	安迪苏	11.12	AAA	2.427	35.065
132022	20广版EB	南方传媒	10.95	AAA	0.951	8
120002	18中原EB	中原传媒	8.91	AA+	1.608	6.2
132009	17中油EB	中国石油	7.93	AAA	0.159	99.186
132015	18中油EB	中国石油	8.33	AAA	0.715	199.997
132021	19中电EB	中国软件	74.17	AAA	0.534	21
132011	17浙报EB	浙数文化	23.72	AAA	0.255	24

四、发行可转债公司要求

可转债不是哪家上市公司想发行就发行的。根据《中华人民共和国公司法》和《可转换公司债券管理办法暂行规定》等法律法规要求，上市公司发行可转换公司债券，应当符合下列条件：

（1）上市公司最近3个会计年度加权净资产收益率平均在10%以上，扣除非经常性损益后最近3个会计年度的净资产收益率平均值原则上不低于6%；能源、原材料、基础设施类的上市公司可以略低，但是不得低于7%。

（2）上市公司发行可转债前，累计债券余额不得超过公司净资产的40%；发行后累计债券余额不得高于净资产总额的80%。

（3）上市公司发行可转债后，公司的资产负债率不得超过70%。

（4）上市公司发行可转债所募集的资金必须用于公司的主营业务，用于对外投资的，对外投资项目应当与公司主营业务密切相关。

（5）可转债的发行必须有保证人，保证人净资产额不得低于本次发行可转债的规模，证券公司和上市公司不得担当保证人。

（6）可转换公司债券的发行额不少于人民币1亿元。

（7）上市公司每年进行分红派息。

（8）国务院证券委员会规定的其他条件。

重点国有企业发行可转换公司债券，应当符合以下条件：

（1）公司最近3年连续盈利，并且最近3年的财务报告经由具有从事证券业务资格的会计师事务所审计。

（2）公司有明确可行的企业改制和上市计划。

（3）公司有可靠的偿债能力。

（4）公司有代为清偿债务能力的保证人的担保。

（5）公司累计债券余额不超过公司净资产总额的40%。

（6）公司通过发行可转债募集的资金投向必须符合国家产业政策。

（7）可转换公司债券的发行额不少于人民币1亿元。

（8）国务院证券委员会规定的其他条件。

简言之，上市公司要想成功发行可转债，必须有一定的实力。

五、可转债的认购方式

目前可转债的认购主要分为三部分，分别是原股东配售、网下申购和网上申购。其中，原股东配售方式将在本书的第五章——可转债配售部分详细介绍；网上申购方式将在本书的第四章——可转债打新部分详细介绍。因为网下申购的门槛比较高，所以在这里简要地介绍一下可转债的网下申购流程。

1. 网下申购门槛

可转债的网下申购主要是对于机构投资者而言的，机构投资者或者企业法人首先要在券商处开户，目前有限责任公司、个人独资公司、股份公司、有限合伙公司均可办理开户，而个体工商户和个人不能办理开户。开户时对这些公司的业务类型、注册资本等无限制。

开户需要准备以下文件：

（1）公司年检合格的营业执照正、副本复印件（加盖公章）；

（2）法定代表人身份证复印件（加盖公章）；

（3）法人授权委托书（加盖公章、法人章）；

（4）法人印鉴卡（加盖公章、法人章）；

（5）代理人身份证复印件（加盖公章）；

（6）沪、深股东账户卡复印件（加盖公章）（如有）；

（7）受益所有人信息（开户前提供，审核后方可开户）。

2. 网下申购流程

网下申购可转债的主要流程如下：

（1）机构投资者在可转债申购日前一日（T-1日）17:00前，登录可转债发行系统完成注册（相应网址会在可转债的发行公告中给出）。

（2）机构投资者在可转债发行网站下载《网下申购表》Excel电子版。在填写完《网下申购表》以后，进行打印、签字、盖章和扫描。

（3）在可转债申购日前一日（T-1日）17:00前将《网下申购表》Excel文件、签字和盖章完毕的《网下申购表》扫描件、有效企业法人营业执照（副本）复印件或其他有效的法人资格证明文件复印件、沪/深交所证券账户卡复印件或开户证明文件发送至保荐机构（联席主承销商）指定电子邮箱，并且在17:00之前将申购保证金足额缴纳至保荐机构（联席主承销商）指定账户，每一网下申购账户（或每个产品）的申购保证金为50万元。

（4）在可转债发行次日（T+1日），发行人及联席主承销商将刊登《网上中签率及网下配售结果公告》。

（5）在可转债发行的第三日（T+2日），如果申购保证金不足以缴付申购资金，则获得配售的机构投资者须在T+2日17:00之前，将其应补缴的申购资金划至证券指定的银行账户。如果申购保证金大于申购资金，则多余的部分以及被认定为无效申购的申购保证金将会在T+3日按原收款路径无息退回。

3. 网下申购注意事项

可转债的网下申购与网上申购还是存在很大差别的，注意事项如下：

（1）网下申购不用顶格申购，机构投资者可以按照申购下限申购，也可以顶格申购，还可以按照其他数额申购，但是需要满足发债公司的要求。

例如，中信转债（113021）的网下申购下限为10万张（1 000万元），上限为8 000万张，（800 000万元），超过10万张（1 000万元）的必须是10万张（1 000万元）的整数倍。

（2）出于公平性考虑，可转债网下申购的配售比例要和网上申购的中签率基本保持一致。

例如，中信转债（113021）网下发行和网上发行预设的发行数量比例分别为90%和10%。如果网上社会公众投资者与网下机构投资者申购数量累计之和超过原A股普通股股东行使优先配售权后剩余的本次发行的可转债数量，则除去原A股普通股股东优先申购获得足额配售外，发行人和联席主承销商将根据网上、网下实际申购情况，按照网上发行中签率和网下配售比例趋于一致的原则确定最终的网上和网下发行数量。

（3）可转债网下申购需要在股权登记日（T-1日）缴纳50万元的保证金，如果中签后缴款不足，则没收保证金并且取消配售资格。

（4）券商不提供网下申购保证金融资业务。

（5）目前企业所得税是100万元以下为5%，可以开票冲抵。如果要将利润分红给个人，则需要缴纳个人所得税。

（6）机构投资者在参与网下申购可转债后，还可以继续参与可转债的网上申购。

4. 网下申购的调整

近几年可转债市场的热度明显回升，新债上市破发的概率越来越小，而机构投资者通过网下申购能够获得大量的可转债，只要可转债上市后不跌破发行价，机构投资者就能获得暴利。相比之下，普通投资者采用网上申购的方式获得的可转债较少，收益也远远不能与机构投资者的收益相提并论，由此引发的可转债打新公平性问题受到越来越多人的关注。

在中信转债（113021）、平银转债（127010）、浙商转债（113022）等热门可转债的申购中，均有不少券商或机构投资者用大量账户顶格申购的情况出现，甚至还有一些注册资本仅在1万元左右的小公司顶格申购80亿元可转债的现象。例如，中信转债（113021）的网下申购异常火爆，至少有6家券商网下申购中信转债的证券账户数量超过100个（其中有三家券商的账户数量超过200个，最多的动用了300个账户）。

令人啼笑皆非的是，一些投资者或机构投资者为了顶格申购并获配大量可转债，注册了几十家皮包公司专门顶格申购可转债，严重扰乱了证券市场的秩序，同时对于网上申购可转债的投资者也是极大的不公平。

可转债的网下申购本身是为了避免可转债的发行失败，而一些券商和机构投资者超规模、多账户参与网下申购可转债，本身就蕴藏着巨大的金融风险。如果大家在获配新债后都放弃缴款，只有一个机构选择缴款，而该机构的总资产并不能覆盖可转债的发行总额，那么可转债的发行就会面临失败的风险。

实际上，这种风险并非空穴来风，早在2017年可交债17宝武EB（132013）发行时，就出现了金融市场动荡的巨大风险。在17宝武EB发行时可交债市场非常火热，不少机构投资者顶格申购该期宝钢股份的可交债，然而机构投资者中签后却出现了没有足够资金缴款的现象，因此导致17宝武EB发生了大规模的弃购，对当时的资本市场负面影响非常大。

在转债申购中存在同一主体、多账户申购的"拖拉机账户"问题，并且由来已久。这些账户多是券商等由于历史原因形成的，在转债申购的过程中发挥了账户的数量优势，在信用申购下愈演愈烈。

对于公募基金等机构，内部合规往往要求申购资金不能超过自身资产规模；而诸多社会法人账户的实际资金能力不详，且很可能缺少及时融资能力，虚报申购额后存在较大隐患。一旦预期逆转，导致大量申购者弃配，容易引发中签率超预期爆仓风险。

可转债网下申购的乱象引起了证监会的重视。2019年3月20日晚，证监会对可转债的网下申购作出如下规定：

（1）为公平对待网上、网下投资者，同一网下投资者的每个配售对象参与可转债网下申购时只能使用一个账户；机构投资者管理多个证券投资产品的，每个产品可以视为一个配售对象；而对于其他机构投资者，每个投资者被视为一个配售对象。

（2）《证券发行与承销管理办法》《公开募集证券投资基金运作管理办法》《证券期货经营机构私募资产管理计划运作管理规定》，都提到公募基金和资产管理计划不得超过资产规模开展新股申购等的相关规定和监管原则。因此，网下机构投资者在申购可转债时，应结合行业监管要求及相应的资产规模，合理确定申购金额，申购金额不得超过资产规模。机构投资者在参与可转债网下发行时，应出具申购量不超过自身资产规模的承诺。承销商对机构投资者的申购金额应保持必要的关注，并有权认定超出资产规模的可转债申购为无效申购。监管部门可以对相关情况进行检查，并采取相关的监管措施。

六、可转债的发行程序

我们将可转债发行首日定义为T日，下面说明可转债的整个发行流程，如右图所示。

在可转债的发行环节中，董事会预案和股东大会通过是由上市公司自主决定的，其他环节均需证监会监督管理。在此我们以风语转债（113634），正股风语筑（603466）为例，具体介绍一下可转债的发行流程。

1. 董事会预案

2021年6月19日，风语筑发布2021年度公开发行A股可转换公司债券预案。通过董事会预案，我们可以了解到风语转债的发行规模、债券面值、存续期限等基本条款，以及风语转债募集资金用途和正股风语筑近期的财务状况。

2. 股东大会通过

2021年7月6日，风语筑召开了2021年第二次临时股东大会，会议审议通过了《关于公司公开发行可转换公司债券方案的议案》。

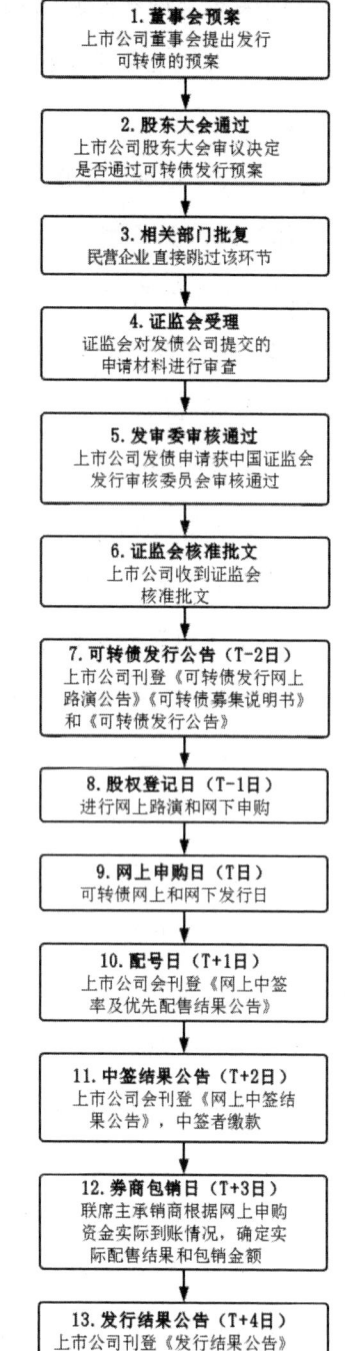

3. 相关部门批复

一般来说，国有企业发行可转债时，需要上级批复的情况比较多，因为可转债会涉及股权变动，需要国有资产监督管理委员会（以下简称"国资委"）的批复。地方国有企业发行可转债需要地方国资委的批复，中央管理企业（以下简称"央企"）发行可转债需要国务院国资委的批复。

此外，银行、证券类上市公司发行可转债需要中国银行保险监督管理委员会（以下简称"银保监会"）的批复，军工类企业发行可转债需要国家国防科技工业局的批复。绝大多数民营企业发行可转债没有相关部门批复环节，如风语筑发行可转债就没有相关部门批复环节，直接跳到了证监会受理环节。

4. 证监会受理

证监会受理环节主要是指证监会对发债公司提交的申请材料进行审查，如果证监会认为公司提供的申请材料完整，就会决定公司本次行政许可申请予以受理。

2021年8月28日，风语筑发布公告称：公司关于公开发行可转换公司债券申请获得中国证监会受理。

这里需要特别注意的是，沪深主板上市公司向证监会申请；创业板上市公司向创业板上市委申请；科创板上市公司向科创板上市委申请。例如，风语筑（603466）属于上交所主板上市公司，因此风语转债发行申请交由证监会受理。

证监会在受理之后，会对可转债发行文件提出意见，公司进行相应的回复和修改，直到符合证监会相关规定。

5. 发审委审核通过

2021年12月7日，风语筑发布公告称：公司关于公开发行可转换公司债券申请获中国证监会发行审核委员会审核通过。

6. 证监会核准批文

2021年12月23日，风语筑收到证监会出具的《关于核准上海风语筑文化科技股份有限公司公开发行可转换公司债券的批复》。核准批文标志着风语转债基本上成功发行了。

这里需要补充说明的是，上市公司在收到证监会核准批文后的12个月内，可以选择时间发行可转债。当然，也有企业在证监会核准发行后主动终止发行，如2019年的交通银行。

7. 可转债发行公告

在可转债发行的T-2日，上市公司要刊登可转债的发行公告，主要包括《可转债发行网上路演公告》《可转债募集说明书》和《可转债发行公告》。

例如，2022年3月23日，风语筑连续发布了《上海风语筑文化科技股份有限公司公开发行可转换公司债券网上路演公告》《上海风语筑文化科技股份有限公司公开发行可转换公司债券募集说明书》和《上海风语筑文化科技股份有限公司公开发行可转换公司债券发行公告》。

在这三个发行公告中，最重要的是可转债的发行公告，通过查阅该公告，我们能了解到可转债的各类基本条款，以及可转债配售日期等重要信息。

这里需要特别说明的是可转债的发行方式。可转换公司债券的发行人和保荐人可以采取向上市公司股东配售、网下发行、网上发行等方式中的一种或者几种发行可转换公司债券。简单来讲，可转债的发行方式有股东配售、网下申购和网上申购三种方式，上市公司可以选择其中的一种或多种。例如，风语转债的发行方式只有股东配售和网上申购两种。

8. 股权登记日

股权登记日是可转债发行的T-1日，T日对应可转债的网上申购日，可转债的股权登记日（T-1日）收市后登记在册的上市公司所有股东可享有优先配售权。也就是说，要想获得可转债配售资格，必须在可转债的股权登记日收市后持有正股。

在可转债的股权登记日同时进行的有网上路演和网下申购。网下机构投资者要在股权登记日17:00前提交《网下申购表》等相关文件,并于17:00前足额缴纳申购保证金。

9. 网上申购日

可转债发行的T日是网上申购日,也称为可转债的发行首日。上市公司要刊登《可转债发行提示性公告》;原股东选择配售可转债的数量,并缴纳足额的资金;网上投资者信用申购新债(信用申购是指网上投资者在申购新债时无须缴付申购资金);确定网上申购中签率和网下申购配售结果。

10. 配 号 日

在可转债发行的T+1日,交易系统会显示出网上申购的配号号段,上市公司会刊登《网上中签率及优先配售结果公告》,同时对可转债网上申购的部分进行摇号抽签。实际上,在配号日晚间,投资者就可以查询到网上申购是否中签。一般而言,如果当晚申购信息还是显示已配号,那基本上就是没有中签。

11. 中签结果公告

在可转债发行的T+2日,上市公司会刊登《网上中签号码公告》,网上投资者根据中签号码确认认购数量并缴纳认购款。中新债的投资者需要在这一天的16:00之前保证账户内的资金足够新债缴款。

网下投资者根据实际获配可转债金额缴款,这种情况一般出现在事先缴纳的保证金低于实际获配金额时。

12. 券商包销日

因为新债网上申购的部分会有中签者放弃缴款,那么在包销日(T+3日),联席主承销商会根据网上申购资金实际到账情况,确定最终的配售结果和包销金额。

13. 发行结果公告

上市公司于T+4日刊登《发行结果公告》,通过该公告,我们可以了解到可转债的原股东配售比例、网上申购比例、券商包销比例等。联席主承销商依据承销协议将原股东优先认购款与网上申购资金及包销金额汇总,按照承销协议扣除承销费用后划入发行人指定的银行账户中。

从总体上看,可转债发行主要分为以下几步:首先是上市公司原股东优先配售,然后是网下申购(如果没有网下申购部分则忽略)和网上申购,最后由联席主承销商对剩余可转债进行包销。

七、可转债发行失败

并非所有的可转债都能够发行成功。可转债发行失败的原因主要有"上市公司终止可转债发行"和"包销比例过高中止发行"两种。

1. 上市公司终止可转债发行

历史上,交通银行(601328)发行的交行转债即以终止发行告终,交行转债也是典型的上市公司自我终止可转债发行的案例。

交行转债从董事会预案到发行终止,共经历了以下流程:

2018年4月27日,交通银行董事会提出公开发行总额不超过人民币600亿元的可转债预案。

2018年6月29日,交通银行股东大会通过了董事会关于公开发行可转换公司债券的预案。

2018年10月16日,交通银行关于公开发行A股可转换公司债券申请获得了中国银保监会批复。

2018年12月18日,交通银行关于公开发行A股可转换公司债券申请获中国证监会发行审核委员会审核通过。

2018年12月27日,交通银行关于公开发行A股可转换公司债券申请获得了中国证监会核准,该批复自核准发行之日起6个月内有效。

2019年4月29日,交通银行宣布将可转债发行决议有效期、授权有效期,自前述有效期届满之日起均延长12个月,即均延长至2020年6月28日。

截至2019年6月25日，交通银行仍无可转债发行举动，证监会核准批文到期失效，宣告本次交行转债发行失败。

2. 包销比例过高中止发行

除了上市公司自我终止发行导致可转债发行失败，可转债发行失败还有一种可能的情况是：网上申购新债的投资者弃购比例过高，联席主承销商和可转债的发行人协商中止可转债的发行。

可转债的这种发行失败的情况主要源于可转债发行公告中的一则条款：当原股东优先认购的可转债数量和网上投资者申购的可转债数量合计不足本次发行数量的70%时，或当原股东优先缴款认购的可转债数量和网上投资者缴款认购的可转债数量合计不足本次发行数量的70%时，发行人和联席主承销商将协商是否采取中止发行措施，并由联席主承销商及时向中国证监会和深圳证券交易所报告，如果中止发行，则公告中止发行原因，在批文有效期内择机重启发行。

我们知道，可转债在发行时，对于网上申购的部分，联席主承销商根据网上资金到账情况确定最终配售结果和包销金额，包销比例原则上不超过本次发行总额的30%，当包销比例超过本次发行总额的30%时，联席主承销商将启动内部承销风险评估程序，并与发行人协商一致后继续履行发行程序或采取中止发行措施。因此，当可转债网上申购部分弃购的规模达到联席主承销商包销比例的上限时，联席主承销商有权选择与上市公司协商中止可转债发行。

包销比例越高，券商承担的风险就越大。因包销比例过高导致可转债发行可能出现失败的现象，主要存在于可转债熊市期间，此时新债上市后没有热度，大量新债出现破发，因此投资者纷纷选择了弃购。

例如，2018年万顺新材（300057）发行的万顺转债（123012），网上申购部分投资者弃购金额达到2.63亿元，占发行规模的比例高达27.68%，接近承销商30%的包销上限。

当然，包销比例超过30%可能会导致可转债发行失败，但也有联席主承销商选择不中止发行可转债。例如，2018年湖北广电（000665）发行的湖广转债（127007），由于网上投资者大量弃购，弃购金额高达581 656 500元，超过了湖广转债发行规模的30%，按照湖广转债发行公告中的规定，发行人及联席主承销商将协商是否中止湖广转债的发行。不过，出于多方面原因考虑，联席主承销商中泰证券最终仍选择了包销，包销比例达到33.55%。

通过交行转债和湖广转债的例子，我们应该明白，无论是"上市公司终止可转债发行"，还是"包销比例过高中止发行"，可转债的发行都存在潜在的失败风险。在可转债牛市中，新债一签难求，基本上不用担心可转债发行失败的可能；而在可转债熊市中，我们就不得不警惕可转债发行失败这一潜在的风险。

八、可转债融资的优缺点

可转债是一种特殊的债权融资，其特殊性就表现为可转债的可转换性质，如果可转债在存续期内成功转股强赎，那么上市公司就不需要到期还本付息。

可转债融资的优点主要有以下几个方面。

1. 融资成本低

根据《可转换公司债券管理暂行办法》规定，可转债每年的票面利率一般不高于银行同期的存款利率。目前可转债年利率最高的年度也不过4.00%，这样的利率是远低于银行贷款利率的。同时，可转债的利息可以当作上市公司的财务费用，相比红利而言，上市公司减少了一定的纳税金额，并增加了一定的留存收益。因此，上市公司比较喜欢通过发行可转债来进行融资。在发行可转债后，如果正股出现大涨，可转债全部转股强赎，则完成了一次完美的融资；即使正股表现不佳，不得不到期还钱，也相当于以极低的年利率借到了一笔巨款。

2. 融资规模大

可转债发行时对初始转股价有一定要求，一般来说，可转债的初始转股价不低于募集说明书公告之日前二十个交易日公司股票交易均价（若在该二十个交易日内发生过因除权、除息引起股价调整的情形，则对调整前交易日的交易价按经过相应除权、除息调整后的价格计算）和前一个交易日公司A股股票交易均价。简单来讲，可转债的初始转股价是要高于发行阶段正股股价的，如果可转债在存续期内实现转股强赎，则相当于增发了一批价格高于市价的新股，因此，上市公司发行可转债与增发新股和配股相比，实际上为公司募集到了更多的资金。

3. 业绩压力轻

上市公司新投入的项目往往需要一定的周期来完成，这个周期可能只有短短几年，也可能会需要占用很长一段时间。如果上市公司采用增发新股或者配股的方式进行项目融资，那么总股本瞬间扩大，上市公司的基本每股收益会被迅速稀释，同时融资会使上市公司的净资产扩大，公司短期内新投产项目可能无法带来很多收益，导致融资年度上市公司的净资产收益率大幅下滑。因此，增发和配股会对上市公司当年业绩产生一定的负面影响。

而可转债的发行条款中有规定，可转债的转股期是在可转债上市半年后才开始的。因此，上市公司通过发行可转债融资，不仅可以避免公司总股本在短期内迅速扩张，而且可以避免上市公司每股收益等业绩指标被快速稀释。

通过发行可转债，上市公司顺利融资，参与认购可转债的投资者也有获利，看似是一个完美的逻辑，真的完美无缺吗？当然不是，可转债的弊端也很明显。

1. 权益稀释问题

可转债转股后会导致上市公司总股本扩容，因而会影响到原股东的持股比例，尤其会让一些小股东的话语权迅速降低。一些发行规模相对于正股总市值大的可转债，在转股期迅速转股后，正股大股东的控制权可能会受到威胁。基于以上弊端的考虑,可转债发行时给予了原股东优先配售权,关于可转债的配售我们放在后文具体讲述。

2. 到期偿债压力

如果可转债发行后,正股表现很差,可转债交易价格一直很低,转股溢价率一直居高不下,那么可转债大概率会转股强赎失败,上市公司只能到期还钱,这对于上市公司而言无异于雪上加霜。

九、可转债的历史收益

可转债投资策略包括打新债、可转债摊大饼等,不同的操作方式收益不同。

我们以中证转债指数(000832)为例,对比分析一下中证转债指数和沪深300指数的历史年化收益率,如下图和下表所示。

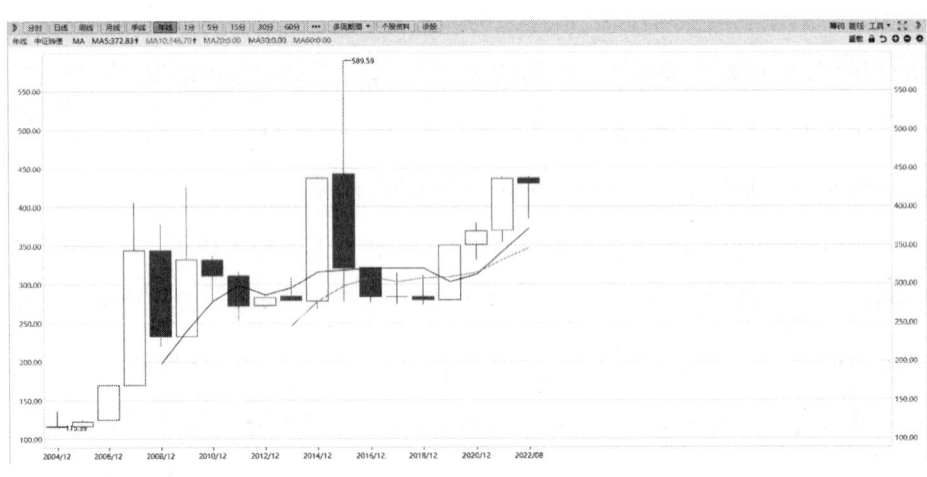

年　　份	2006年	2007年	2008年	2009年	2010年	2011年	2012年	2013年
中证转债涨幅(%)	37.69	103.13	-32.35	42.63	-6.33	-12.77	4.11	-1.41
沪深300涨幅(%)	121.02	161.55	-65.95	96.71	-12.51	-25.01	7.55	-7.65

续表

年　份	2014年	2015年	2016年	2017年	2018年	2019年	2020年	2021年
中证转债涨幅（%）	56.94	−26.54	−11.76	−0.16	−1.16	25.15	5.25	18.48
沪深300涨幅（%）	51.66	5.58	−11.28	21.78	−25.31	36.07	27.21	−5.2

2006年、2007年、2009年、2017年、2020年是A股牛市，中证转债指数跑输了沪深300指数，主要原因是可转债的超额收益取决于股市的上涨，而可转债存在转股溢价率，转股溢价率越高，可转债与正股的联动性越差，这就导致在单边上涨的牛市行情中，可转债往往跑不赢正股。

2008年和2018年是A股熊市，虽然中证转债指数也下跌不少，但是相比于沪深300指数，跌幅还是很有限的。熊市中中证转债指数跑赢沪深300指数，说明了可转债具有很好的安全性。安全性主要取决于可转债的纯债价值，即可转债的债性。由于目前没有出现可转债违约情况，所以，当股市大幅下跌的时候，投资者可以持有可转债直至到期赎回，可转债的价格有所保证；而股票则没有保底，可能跌入万丈深渊。

虽然从长期来看，可转债的复合收益率不高，但其具有"上不封顶、下有保底"的属性，非常适合稳健型的投资者。

如果我们单独看可转债，那么截至2022年2月，共有671只可转债发行，其中272只可转债已经退市。

在这272只已经退市的可转债中，平均上市交易开盘价为115元/张左右；平均退市收盘价为166元/张左右；存续期内平均最高价为225元/张；存续期内平均最低价为103元/张；平均存续期为1.85年。

如果我们坚持打新，上市首日就卖出可转债，那么平均年化收益率为14.9%。截至目前，可转债仅有65只上市首日破发，破发率仅为9.78%。

如果我们在可转债上市首日买入，坚持在可转债退市前卖出，那么平均年化收益率为45.4%。

在已经退市的可转债中，共有116只出现小于或等于面值的情况，占比为42.8%，其中仅有4只在跌破面值后未能上涨超过130元/张，占比仅为3.45%（分别是江南转债、辉丰转债、双良转债、博汇转债）。如果我们在可转债跌破面值时买入，在可转债存续期内首次上涨达到130元/张时卖出，那么平均年化收益率高达54.7%。

第二章

可转债基础知识

在 A 股市场上，经常有可转债投资者搞不明白可转债的溢价率，因为溢价转股而蒙受损失。还有不少可转债投资者在强赎期忘记转股，进而造成重大损失。

工欲善其事，必先利其器。了解和学习可转债的基础知识，对于我们投资可转债至关重要。

一、名　　称

可转债的命名是有一定规则的，具体可以分为××发债、××转债和××配债。一般来说，可转债的名称与正股存在千丝万缕的联系，一般就是正股名称缩写加上"转债"二字。然而，在可转债市场上也存在一些与正股名称有很大差异的可转债，造成这种情况的原因往往是可转债在发行后，正股名称发生了改变。

例如，亚泰转债（128006）的正股是郑中设计（002811），2020年5月12日，亚泰国际更名为郑中设计。

再比如，华通转债（128040）的正股是浙农股份（002758），发行华通转债的上市公司是华通医药，之后浙农股份通过重组华通医药借壳上市。

1. 沪市可转债

沪市可转债的命名一般是正股名称缩写+转债，如南京银行（601009）发行的可转债是南银转债（113050）。如果正股名称缩写存在相同的情况，则需要进行相应的调整。例如，紫金矿业（601899）发行的可转债被命名为紫金转债（113041），紫金银行（601860）发行的可转债被命名为紫银转债（113037）。紫金转债和紫银转债同时在市场上存在过，因此，投资者对于名称相近的可转债一定要注意区分，避免因混淆而造成差错。

如果上市公司多次发行可转债，那么非首次发行的可转债命名规则一般有两种。第一种是根据年份命名，规则是"×"+"发行年份"+"转债"。例如，隆22转债（113053）中的"隆"代表正股隆基股份（601012）；"22"代表这只可转债是2022年发行的，之前隆基股份还发行过隆基转债（113015）和隆20转债（113038）。

第二种是根据别名进行命名，例如，大参林（603233）首次发行的可转债叫作参林转债（113533），第二次发行的可转债叫作大参转债（113605）。

也有一些上市公司虽然发行了两次可转债，但是名称完全一样，例如，吉视传媒（601929）首次发行的可转债叫作吉视转债（113007），第二次发行的可转债也叫作吉视转债（113017），二者只是在代码上有所差别。

沪市可转债的代码前三位是110、113或118。其中，以110开头的可转债对应沪市以600开头的股票；以113开头的可转债对应沪市以601或603开头的股票；以118开头的可转债对应沪市科创板以688开头的股票。

在新债上市首日，命名一般是N××转，例如，皖天然气（603689）发行的皖天转债（113631)，在上市首日被命名为N皖天转。

2. 深市可转债

深市上市公司首次发行可转债时，一般将其命名为××转债，如大族激光（002008）首次发行的可转债被命名为大族转债（128035）。

对于非首次发行的可转债，一般以××转n来命名，其中n代表第几次发行可转债。最典型的是东方财富（300059）目前已经发行了三只可转债，分别是东财转债（123006）、东财转2（123041）和东财转3（123111）。

深市可转债的代码前三位是123、127或128。其中，以123开头的可转债对应深市创业板以300开头的股票；以127开头的可转债对应深市主板以000开头的股票；以128开头的可转债对应深市中小板以002开头的股票。

深市新债命名规则与沪市新债命名规则类似，都是N××转，如盘龙转债（127057）在上市首日被命名为N盘龙转。

3. 孪生可转债

在可转债市场上有一类特殊的可转债，它们是由同一家上市公司发行的，并且同时存在于可转债市场上，我们将这类可转债称为孪生可转债。

例如，希望转债（127015）和希望转2（127049）都是上市公司新希望（000876）发行的可转债。孪生可转债之间还是有很多区别的。例如，孪生可转债的发行时间不同，希望转债的发行时间要早于希望转2的发行时间。孪生可转债的转股价一般也不同，希望转债的转股价为19.75元/股，而希望转2的转股价为14.45元/股。

由于孪生可转债的转股价不同，对应的转股价值和交易价格也就不同，因此这两兄弟究竟谁先完成使命退市，是很难说的。此外，在特定的情况下，孪生可转债是存在套利空间的，具体如何套利，还要从孪生可转债的转股溢价率、剩余规模、纯债价值等多方面去考虑。

二、价　　格

1. 可转债面值

A股目前发行的可转债面值均为100元，可转债的面值也叫作可转债的发行价格。

这里解释一个常用的金融学术语——破发。股票的破发是指股票上市首日的交易价格低于股票发行价；可转债的破发是指可转债的交易价格低于可转债的面值，即可转债的交易价格低于100元/张。

一般而言，破发的可转债大多是正股存在一定问题的。例如，2022年4月21日晚间，科华生物（002022）发布公告称：下属子公司"天隆公司"拒绝提供天隆公司2021年度的财务账册等重要信息，可能导致母公司2021年度的财务报告被出具"无法表示意见"的审计报告。因此，科华生物可能出现退市风险。

公告发出后的第二天，科华生物跌停，科华转债（128124）直接低开跌破面值100元，收盘价为96.459元/张，如下图所示。

对于破发的可转债，我们要考量好正股的质地。尤其是在注册制快要来临的情况下，一些破发的可转债可能会出现违约问题。

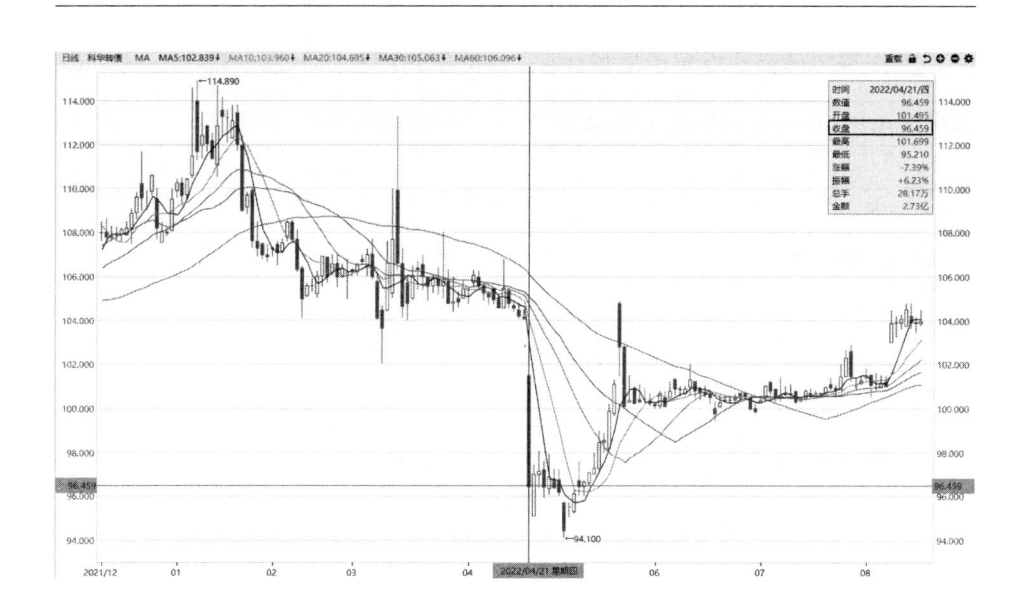

2. 可转债交易价格

可转债的交易价格是指可转债上市后在二级市场上的买卖价格，其中沪市可转债最小交易单位为1手，交易价格精确到小数点后三位。例如，2022年3月23日，纵横转债的收盘价为114.770元/张，如下图所示。

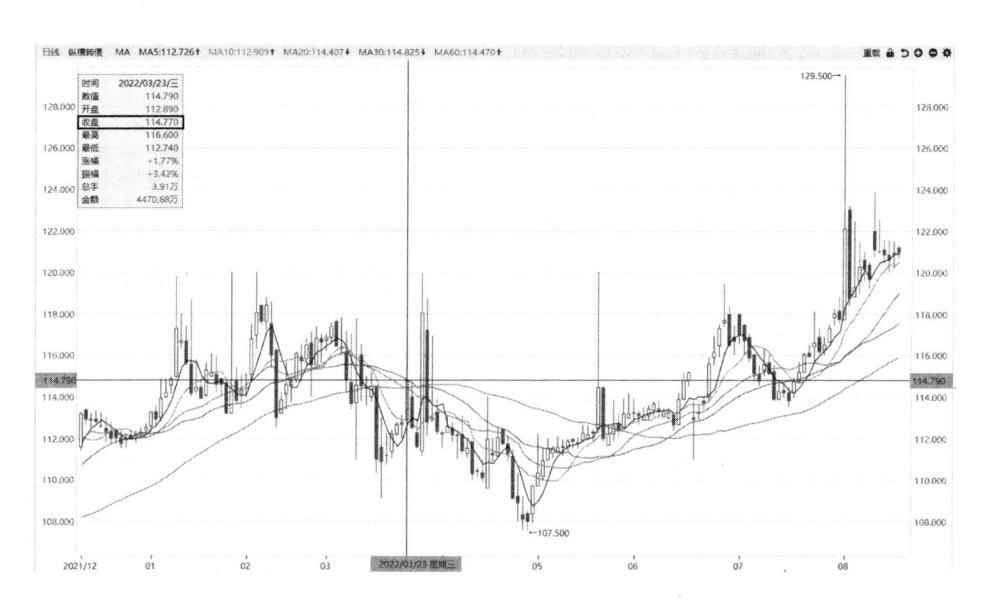

深市可转债最小交易单位是10张，交易价格精确到小数点后三位。例如，2022年3月23日，文科转债的收盘价为110.200元/张，如下图所示。

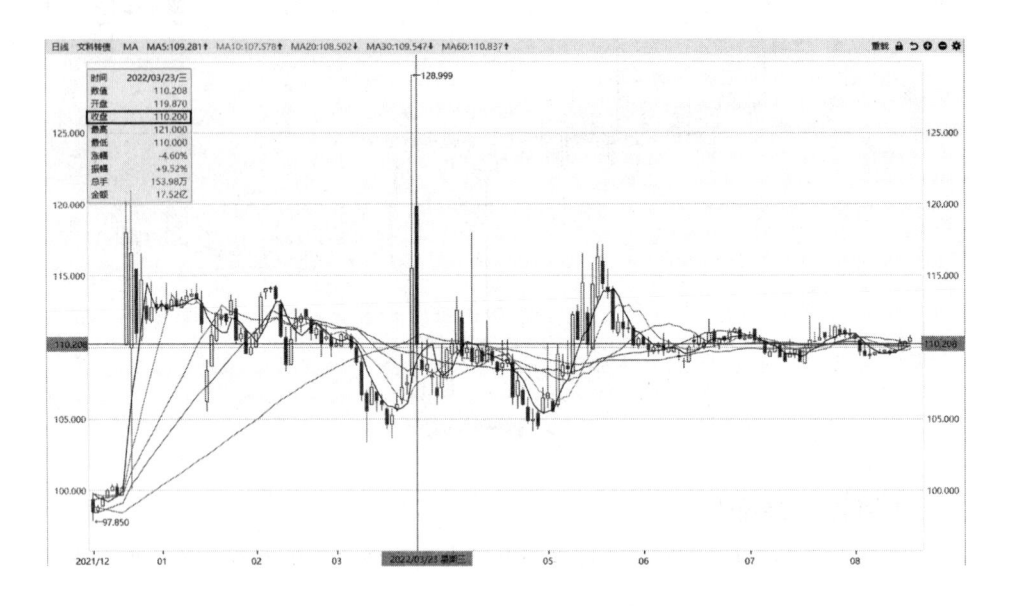

3. 价格之最

可转债在本质上是一种特殊的债券，其特殊之处就在于可转债相比于普通债券多了一份看涨期权。因此，在纯债价值和期权价值的双重影响下，可转债的交易价格一般会在一定的范围内波动。例如，截至2022年4月29日，在现存的400只可转债中，没有一只可转债的交易价格低于90元/张；有6只可转债的交易价格在90～100元/张；有102只可转债的交易价格在100～110元/张；有146只可转债的交易价格在110～120元/张；有73只可转债的交易价格在120～130元/张；有73只可转债的交易价格高于130元/张。

这些可转债的平均交易价格为127.300元/张，中位数价格为114.745元/张。我们知道平均数容易受极端值的影响，因此114.745元/张的中位数价格更能代表可转债市场的整体情况。

在可转债市场的历史上，交易价格最低的纪录是亚药转债（128062）于2021年1月13日创造的66.600元/张，如下图所示。亚药转债自上市后，正股亚太药业（002370）股价不断下跌，亚药转债的评级也一路下滑，最终导致了股债双杀。

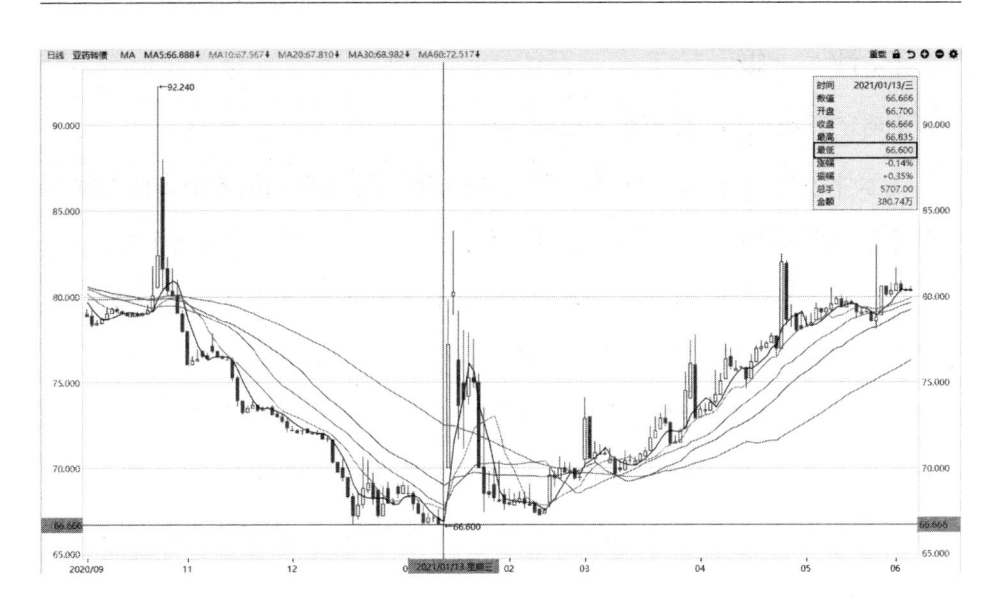

历史交易价格最高的是英科转债（123029）于2021年1月25日创造的3 618.188元/张，如下图所示。英科转债的正股英科医疗（300677）因生产医用手套，在2020年年初业绩暴涨几百倍。英科医疗的股价在2020年一度上涨了近50倍，英科转债能够站上3 618.188元/张的高价，也是理所应当的。英科转债也在可转债市场上享有"债王"的美誉，基于英科转债的历史最高价，中一签挣3万多元的说法也并非空穴来风。

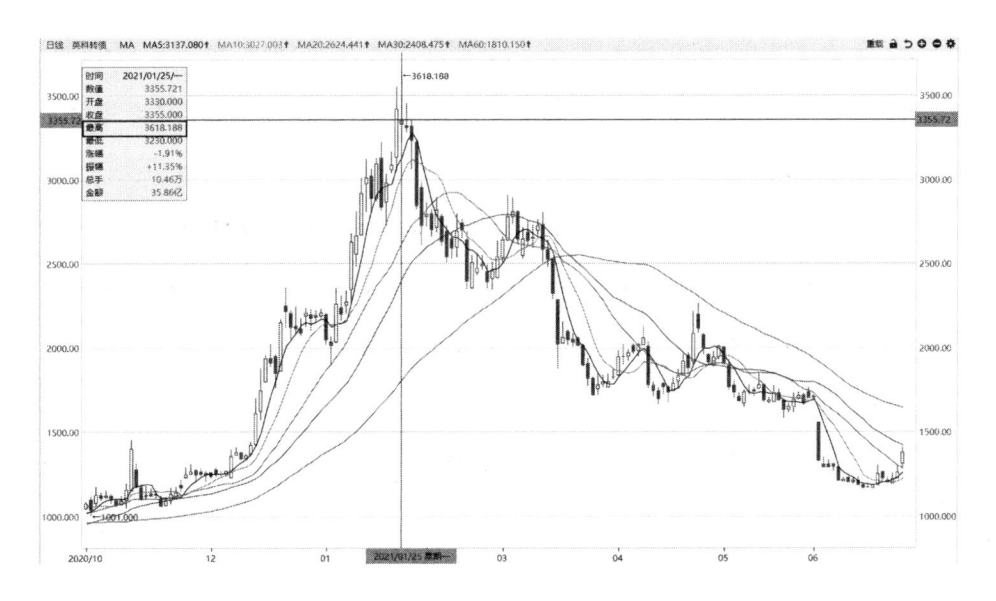

三、评　　级

债券的评级包括主体评级和债项评级。

主体评级是对发债公司本身进行整体信用评估，通常包括考察企业的经营管理素质、财务结构、偿债能力、经营能力、经营效益、发展前景等各个方面。

债项评级是对某一主体发行的具体某只债券进行信用风险评估。因为同一公司发行不同债券的条款不尽相同，例如，不同类型的债券的优先偿付顺序、不同批次融资的抵质押物情况或增信情况等，因此，主体评级可以看作是公司对其各类债券综合偿付能力的判断，而债项评级则可以看作是针对具体某一笔债务安全性的判断。一般来说，主体评级和债项评级都会随着债务人经营情况和偿债能力的变化而产生调整。

可转债作为一种特殊的债券，也有主体评级和债项评级。一般来讲，可转债的主体评级和债项评级均为同一等级，如科华转债（128124）的主体评级和债项评级均为AA级。因此，下文我们用信用评级来统一表示可转债的主体评级和债项评级，并不做具体的划分。

可转债的信用评级是由一些评级机构评定的，如中特转债（127056）的资信评估机构是联合资信评估股份有限公司。

可转债的信用评级越高，上市公司到期违约欠债的可能性就越小。虽然目前中国市场从未出现过可转债公司违约情况，但可转债信用评级依然是衡量可转债质地的重要标准。

根据中国人民银行发布的有关规定，银行间债券市场长期债券信用等级分为三等九级，符号表示分别为AAA、AA、A、BBB、BB、B、CCC、CC、C，其中BBB级及以上级别为投资级别，BB级及以下级别为投机级别。

具体含义如下：

（1）AAA级：偿还债务的能力极强，基本不受不利经济环境的影响，违约风险极低。

（2）ＡＡ级：偿还债务的能力很强，受不利经济环境的影响不大，违约风险很低。

（3）Ａ级：偿还债务的能力较强，较易受不利经济环境的影响，违约风险较低。

（4）BBB级：偿还债务的能力一般，受不利经济环境的影响较大，违约风险一般。

（5）BB级：偿还债务的能力较弱，受不利经济环境的影响很大，有较高的违约风险。

（6）B级：偿还债务的能力较大地依赖于良好的经济环境，违约风险很高。

（7）CCC级：偿还债务的能力极度依赖于良好的经济环境，违约风险极高。

（8）CC级：在破产或重组时可获得保护较小，基本不能保证偿还债务。

（9）C级：不能偿还债务。

除ＡＡＡ级、CCC级以下等级外，每个信用等级可用"+""-"符号进行微调，表示略高或略低于本等级。

截至2022年8月16日，可转债市场上信用评级最低的是CCC级。

低评级可转债对应的正股一般质地都不是很好，例如，亚药转债的最新信用评级为B-级（见下图），正股亚太药业曾经因涉嫌财务造假被证监会处罚。

基本条款			
债券代码	128062.SZ	债券简称	亚药转债
当前余额(元)	9.62亿	债券类型	可转换债券
正股代码	002370	正股简称	亚太药业
正股股价(元)	5.41	转股溢价率	213.16%
转股股价(元)	16.25	转股价值	33.29
质押券代码	--	折合标准券(元)	--
上市日期	2019-04-24	摘牌日期	
最新债券评级	B-	交易市场	深交所
评级机构	上海新世纪资信评估投资服务有限公司		
发行价格(元)	100	最新票面(元)	100

亚药转债的信用评级较低，可转债存在违约的风险。事实上，亚药转债的价格也充分反映了低评级的风险性。亚药转债在2021年年初曾跌至66.600元/张，成为可转债市场上前所未有的最低价，如下图所示。

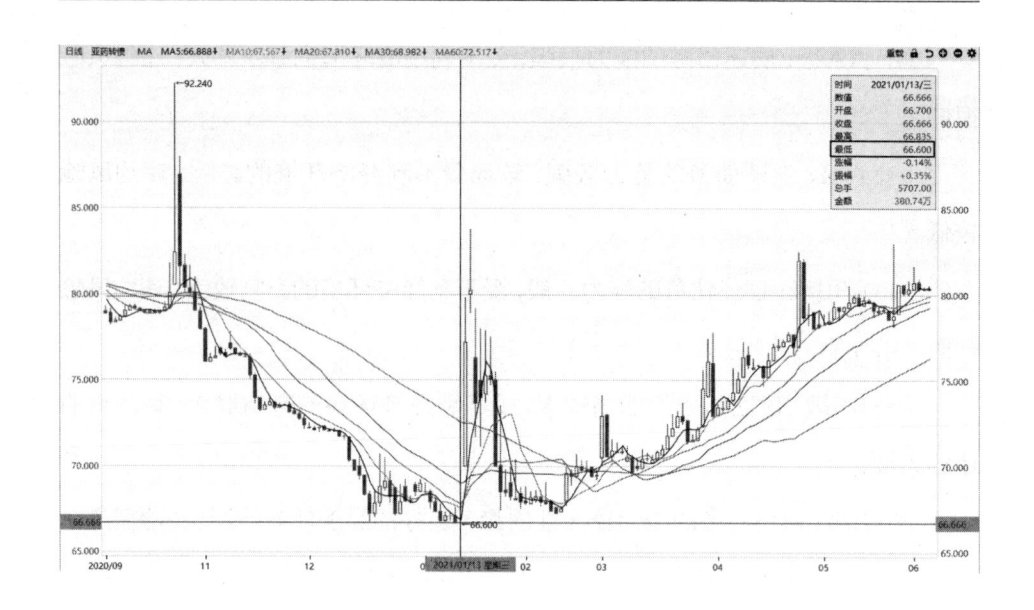

四、担　　保

可转债的担保是一种承诺,如果发债公司不履行偿还债务的义务,那么担保人必须替发债公司履行承诺。在相同条件下,有担保的可转债肯定要比没有担保的可转债安全性高。

按照目前的法律规定,净资产不低于15亿元人民币的公司可以不用担保;净资产低于15亿元的公司需要担保;无论净资产有多少,创业板和科创板上市公司发行可转债均不需要担保。

例如,贵燃转债(110084)的正股是贵州燃气(600903),贵州燃气的净资产一直高于15亿元,因此贵燃转债无须担保。

可转债的担保类型可以分为责任人担保、抵押担保、质押担保和无法担保。

1. 责任人担保

在责任人担保的情况下,另一家公司为发行可转债的公司提供担保。如果发债公司违约,则担保公司必须承担偿债的义务。

例如,已经退市的航信转债(110031),它的担保公司是中国航天科工集团公司,中国航天科工集团公司是中央直接管理的国有特大型高科技企业,也是世界500强之一,因此基本上不用担心航信转债的违约问题。

2. 抵押担保

抵押担保是指发债公司用自己的资产抵押来担保偿债,如果发债公司无力偿债,则托管人可以通过处置抵押资产来偿债。

3. 质押担保

质押担保通常是以公司股票等可流通标的进行抵押的担保方式。例如,聚合转债(111003)采用了股份质押担保的方式,公司实际控制人傅昌宝,主要股东温州永昌控股有限公司、温州市永昌贸易有限公司,股东万泓、金建玲、王维荣将其合法拥有的部分公司股票作为质押资产进行质押担保。担保的受益人为全体债券持有人,以保障本次可转换公司债券的本息按照约定如期足额兑付。

一般来说,有担保的可转债的安全性要更高一点,尤其是一些大型央企为上市公司发行可转债提供担保,基本上不会存在违约问题。

五、转　　股

可转债与其他债券最大的区别就在于转股特性。根据可转债条款规定,可转债进入转股期后,投资者有权将持有的可转债按照转股价格转换为对应的正股股票。当然,如果可转债在转股期的溢价率过高,那么投资者可以选择继续持有可转债;如果可转债在转股期出现折价,那么投资者可以进行转股套利。

1. 转股价

可转债的转股价是指可转债转换为股票时换算的价格。可转债的转股价包括初始转股价和下修、调整后的转股价(最新转股价)。

可转债的初始转股价可以从可转债的募集说明书或发行公告中获悉,如华正转债的初始转股价为39.09元/股,如下图所示。

8、转股价格的确定及其调整

(1) 初始转股价格的确定

本次发行的可转债的初始转股价格为39.09元/股,不低于募集说明书公告日前二十个交易日公司股票交易均价(若在该二十个交易日内发生过因除权、除息引起股价调整的情形,则对调整前交易日的交易均价按经过相应除权、除息调整后的价格计算)和前一个交易日公司股票交易均价之间较高者,且不得向上修正,具体初始转股价格提请公司股东大会授权公司董事会在发行前根据市场和公司具体情况与保荐机构(主承销商)协商确定。

前二十个交易日公司股票交易均价=前二十个交易日公司股票交易总额/该二十个交易日公司股票交易总量;前一交易日公司股票交易均价=前一交易日公司股票交易总额/该日公司股票交易总量。

那么,可转债的初始转股价是如何确定的呢?可转债的初始转股价一般要求不低于募集说明书公告日前二十个交易日公司股票交易均价和前一个交易日公司股票交易均价之间的较高者。

例如,华正转债的发行公告中规定:"本次发行的可转债的初始转股价格为39.09元/股,不低于募集说明书公告日前二十个交易日公司股票交易均价(若在该二十个交易日内发生过因除权、除息引起股价调整的情形,则对调整前交易日的交易均价按经过相应除权、除息调整后的价格计算)和前一个交易日公司股票交易均价之间较高者,且不得向上修正。"

另外,需要特别说明的是,"前二十个交易日公司股票交易均价"是指"前二十个交易日公司股票交易总额÷这二十个交易日公司股票交易总量";"前一个交易日公司股票交易均价"是指"前一个交易日公司股票交易总额÷该日公司股票交易总量"。

有些可转债的初始转股价还需要满足一个条件,即初始转股价不低于公司最近一期经审计的每股净资产。这类可转债主要集中在银行、券商等国有企业中,设计该规则主要是基于转股价低于每股净资产会造成国有资产流失考虑的。

需要注意的是,上市公司的季报和中报未经会计师事务所审计,因此季报和中报披露的每股净资产不能作为初始转股价的设置依据,这就导致了一些破净的上市公司赶在年报披露前发行可转债。

例如,重银转债(113056)的发行公告中规定:"本次发行可转债的初始转股价格为11.28元/股,不低于募集说明书公告之日前二十个交易日公司A股股票交易均价和前一个交易日公司A股股票交易均价,以及最近一期经审计的每股净资产和股票面值。"根据重庆银行2020年年报披露的数据,公司每股净资产恰恰为11.28元。重银转债按照转股价下限确定初始转股价，这也是银行大多数破净，为了尽可能降低可转债的转股溢价率而出的下策。

在可转债的存续期内，如果上市公司因为派送股票股利、转增股本、增发新股或配股、派送现金股利等情况造成公司股份变化的，则会相应地调整转股价。如果正股股价低于可转债修正触发价，那么上市公司有权决定是否下修转股价。

关于初始转股价的调整和下修，将在后文详细介绍。

2. 转 股 期

可转债的转股期是指可转债持有人将可转债转换为股票的起始日到终止日。转股期规定，当可转债上市后，持有人必须经过一段时间才能将可转债转换为股票。

可转债设定转股期的目的是防止企业操纵股价牟取暴利。可转债在没有进入转股期之前，即使正股涨了10倍，可转债持有人也不能将可转债转换为股票。

一般来说，可转债的转股期是从可转债发行结束之日起满6个月后的第一个交易日起至可转债到期日止。

例如，华正转债的转股期为可转债发行结束之日（2022年1月28日，即募集资金划至发行人账户之日）起满6个月后的第一个交易日起至可转债到期日止（2022年7月28日至2028年1月23日，如遇法定节假日或休息日延至其后的第一个工作日；顺延期间付息款项不另计息）。

注意：转股期的起始日是可转债的发行结束日，即T+4日，而不是可转债的发行首日（T日）。上述例子中的华正转债发行日（T日）为2022年1月24日，T+4日恰好为2022年1月28日。

3. 可转换股数

可转债的可转换股数是指在转股期内，可转债持有人能够将手中持有的可转债转换为正股股票的数量。

单张可转债可转换股数=可转债面值÷转股价=100÷转股价。在这里我们需要注意的是取整问题，可转换股数向下取整，不存在小数股，转股时不足转换为1股的可转债部分，上市公司将按照深交所等部门的有关规定，在转股日后的五个交易日内以现金兑付该部分可转债的剩余部分金额及该部分对应的当期应计利息。

简单来讲就是转换的正股股票一定要是整数，系统在进行转股操作时，不足1股的部分会以现金形式返还到你的账户中。

例如，在转股期内，味美思持有1手纵横转债，纵横转债的转股价为18.75元/股，那么味美思可以将持有的纵横转债转换为53股纵横通信股票，如下图所示。具体计算方法为：申报转股的可转债总面值÷转股价，即1 000除以18.75，商53股，余6.25元。转股申请需要在盘中提交，当晚证券公司进行计算后，转换成的正股会出现在你的账户持仓中，次日可以卖出这些转换后的正股。

基本条款			
债券代码	113573.SH	债券简称	纵横转债
当前余额(元)	2.70亿	债券类型	可转换债券
正股代码	603602	正股简称	纵横通信
正股股价(元)	10.60	转股溢价率	114.02%
转股股价(元)	18.75	转股价值	56.53
质押券代码	--	折合标准券(元)	--
上市日期	2020-05-22	摘牌日期	--
最新债券评级	A+	交易市场	上交所
评级机构	联合资信评估股份有限公司		
发行价格(元)	100	最新票面(元)	100
票面利率(当期)	1.20%	利率类型	累进利率
息票品种	附息	付息频率	每年付息1次
下一付息日	2023-04-17	距下一付息日	244天
利率说明	本次发行的可转债票面利率设定为：第一年0.50%、第二年0.70%、第三年1.20%、第四年1.80%、第五年2.50%、第六年2.80%。		
剩余期限	3.7年	期限	6年
起息日期	2020-04-17	到期日期	2026-04-17
缴款日期	2020-04-17	下一行权日	2022-08-17

此外，还有一种特殊的情况，就是上市公司宣布年度利润分配，而可转债持有人选择在股权登记日盘中申请转股，那么他们之后能享受到上市公司的分红吗？在一般情况下，如果债转股操作成功，那么当天晚上交易系统完成清算之后，对应正股股份会自动出现在投资者的证券账户中。如果股权登记日当晚清算完成之后，投资者账户内有对应正股股份，就会享受到上市公司的分红。

4. 转股价值

可转债的转股价值是指可转债转换为股票后对应的价值。转股价值的计算方法为：

转股价值=单张可转债可转换股数×正股价格

例如，2022年8月15日收盘后，纵横通信的股价为10.67元/股，纵横转债目前的转股价为18.75元/股，则转股价值=100÷18.75×10.67≈56.91（元）。

可转债的转股价值可以用于衡量可转债的内在价值，一般来说，可转债的转股价值越高，表现也就越优秀，在二级市场上的交易价格也就越高。

不少投资者都听过这样一句话：可转债在存续期内一定能涨到130元/张。实际上这句话主要是针对成功强赎的可转债而言的，在这里我们可以利用可转债的转股价值来解释一下。

我们知道，可转债的强赎条款一般是：在本次发行的可转债转股期内，如果公司股票在任意连续三十个交易日中至少有十五个交易日的收盘价格不低于当期转股价格的130%（含130%）。

那么，根据强赎条款，可转债要想实现强赎，当时的正股股价一定要达到当期转股价的130%及以上。而可转债的转股价值计算公式为转股价值=可转债面值÷转股价×正股价格，当可转债满足强赎条件时该公式可以简化为100÷转股价×（转股价×130%）=130（元）。也就是说，只有转股价值达到130元及以上，可转债才能满足强赎条件。此时如果可转债的价格低于130元/张，就出现了折价套利的机会，套利盘的出现会促使可转债的价格上升到130元/张以上，即出现正的转股溢价率。

利用可转债的转股价值计算公式，能够很好地解释"可转债都能涨到130元/张"这句话，因为历史上可转债大多以强赎结束历史使命，所以这句话只能算对一半。

5. 转股溢价率

转股溢价率是指可转债市价相对于其转换后价值的溢价水平。转股溢价率越低，可转债价格与正股的相关性越强；转股溢价率越高，可转债价格与正股的相关性越弱。一般来说，如果可转债的转股溢价率超过30%，那么可转债的股性相对就比较弱了。

转股溢价率的计算方法为

$$转股溢价率=\left(\frac{可转债价格}{转股价值}-1\right)\times100\%$$

例如，2022年8月15日收盘后，纵横转债的收盘价格为120.957元/张，目前的转股价值为56.91元，则

$$转股溢价率=\left(\frac{120.957}{56.91}-1\right)\times100\%\approx112.54\%$$

转股溢价率可以衡量可转债的股性。一般来说，可转债的转股溢价率越低，可转债的股性就越强，其进攻性也越强；可转债的转股溢价率越高，可转债的股性就越差，其进攻性也越差。

例如，截至2022年8月15日，亚药转债的转股溢价率高达212.12%，亚药转债的进攻性就表现得相对较差，亚药转债在二级市场上的交易价格也相对低迷。如果我们观察近半年来亚药转债的价格走势，则会发现亚药转债的价格长期在100元/张附近震荡，价格上涨十分乏力，如下图所示。

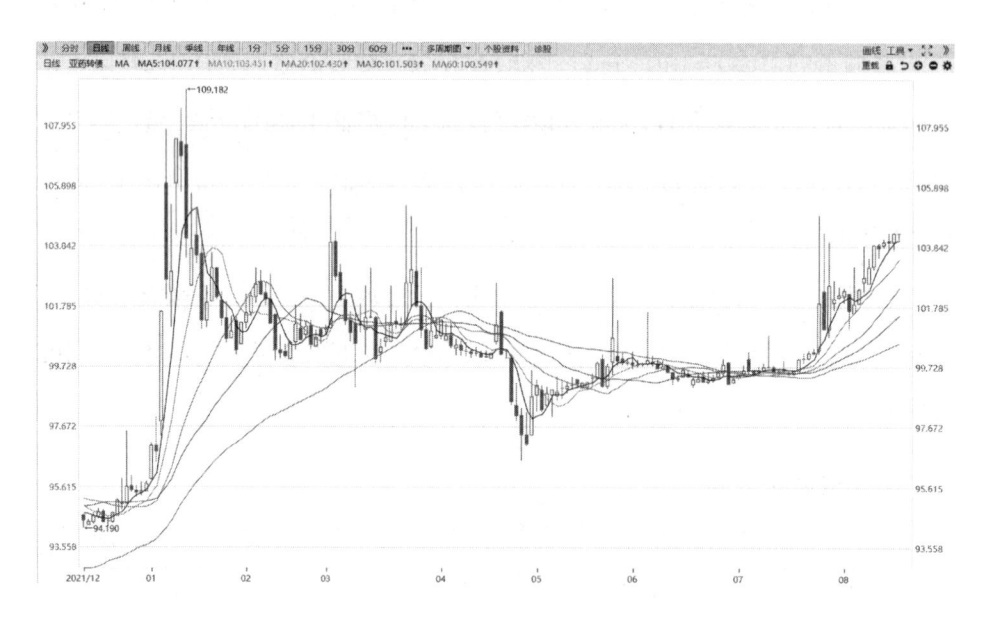

而截至2022年8月15日，美力转债的转股溢价率只有1.27%，美力转债的进攻性就表现得非常强，美力转债在二级市场上的交易价格也相对较高。例如，美

力转债在2022年7月22日创造了168.577元/张的历史最高价，如下图所示。

  然而，还有一类可转债比较独特，我们一般称其为"妖债"。这类可转债一般剩余规模比较小，容易被炒作，从而表现出高溢价、高价格的特点。高溢价、高价格的可转债投资风险巨大，一些剩余规模小的"妖债"时刻面临强赎的风险，普通投资者应尽量回避这类危险的"妖债"。

  例如，典型的高溢价、高价格"妖债"——横河转债，截至2022年8月15日，横河转债的转股溢价率高达369.73%，然而横河转债在二级市场上的交易价格却高达562.000元/张，如下图所示。这类可转债的价格已经完全脱离了可转债的基本面，沦为游资炒作的对象，普通投资者一定要远离这类"妖债"。

6. 转股价变动

  可转债的转股价并不是一成不变的，而会根据实际情况进行相应的调整。可转债转股价变动的形式主要有两种，分别是下修和调整。

  1）下　　修

  下修是转股价变动的常见形式。可转债的下修是指可转债的转股价格特别向下修正。

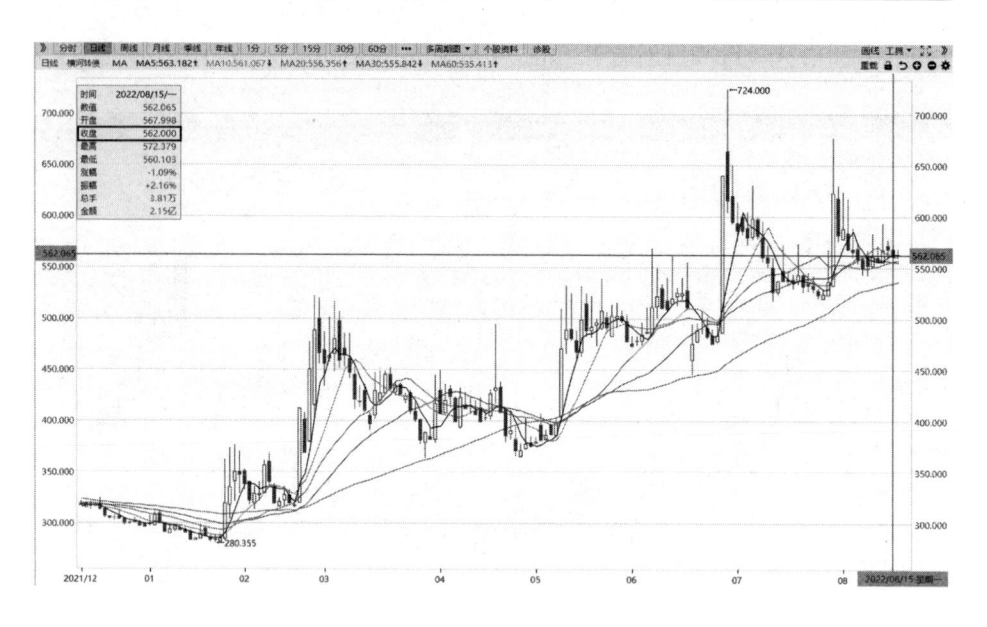

可转债的下修需要满足一定的条件，一般是正股股价在连续的若干个交易日中至少有若干个交易日的收盘价低于当期转股价的一定比例。简言之，就是正股股价低于修正触发价，并保持一定的时间。

例如，卡倍转债的下修条件是：当公司股票在任意连续三十个交易日中至少有十五个交易日的收盘价低于当期转股价格的85%时，公司董事会有权提出转股价格向下修正方案并提交公司股东大会表决。

卡倍转债于2022年1月18日上市，初始转股价为92.50元/股，初始转股价的85%是78.625元/股。卡倍转债的正股卡倍亿自2022年1月20日收盘价首次低于78.625元/股之后又满足了至少十五个交易日的收盘价低于78.625元/股，如下图所示。

因此，卡倍亿的董事会在2022年2月22日正式提议下修转股价。2022年3月10日，卡倍亿公司召开2022年第一次临时股东大会，会议审议通过了《关于向下修正可转换公司债券转股价格的议案》，公司决定将卡倍转债的转股价格由92.50元/股向下修正为人民币76.00元/股。

在这里，我们需要注意以下几点。

① 转股价下修并非可以随意下修

例如，卡倍转债修正后的转股价应不低于本次股东大会召开日前二十个交易日公司股票交易均价和前一个交易日公司股票交易均价之间的较高者。卡倍亿公司2022年第一次临时股东大会召开日前二十个交易日公司股票交易均价为75.88元/股，股东大会召开日前一个交易日公司股票交易均价为70.35元/股，因此公司本次向下修正后的"卡倍转债"转股价格应不低于75.88元/股。

② 满足下修条件并非一定要下修

下修转股价是发债公司的权利而非义务。当可转债的正股股价满足下修条件后，发债公司董事会有权提出转股价格向下修正方案，但需要提交公司股东大会表决，而且需要出席股东大会的股东所持表决权的2/3以上才能通过。

当可转债满足下修条件时，上市公司董事会可以选择不提出下修提案。

例如，截至2022年4月25日，晨丰科技（603685）的股价触发晨丰转债（113628）下修转股价条款。而经公司第三届董事会2022年第三次临时会议审议，公司董事会决定本次不向下修正转股价格，同时在未来三个月内（2022年4月28日至2022年7月27日），如晨丰转债再次满足下修条件，亦不提出向下修正方案。

即使董事会提出了下修提案，如果股东大会没有通过，则下修转股价失败。

例如，众兴菌业的董事会于2018年7月16日提议下修转股价，但是在2018年8月2日的股东大会上，对下修转股价议案投反对票的股东高达49%以上，众兴菌业宣布该次下修转股价失败。

在这里解释一下为什么股东大会会否决可转债下修。主要原因是在股东大会进行表决时，持有本次发行的可转换公司债券的股东应当回避，而表决是否下修的股东均未持有公司可转债。在可转债的转股价下修后，往往会促进可转债转股，然而大量的转股意味着这些老股东的权益将被摊薄和稀释，因此一些未持有可转债的股东出于个人利益考虑，选择否决下修转股价提案。

因此，我们可以看到，即使可转债满足了下修条件，还需要经过董事会和股东大会双双通过才能实现下修。有时候仅仅是董事会提议下修转股价，并不代表下修一定成功。如果董事会提议下修后，可转债短期冲高，而下修提案被股东大会否决，那么可转债价格很有可能会迅速回落。

③ 下修后的转股价可以低于每股净资产

如果可转债的发行公告中没有转股价下修不得低于每股净资产的限制，那么可转债下修后的转股价就可以低于每股净资产。

例如，湖广转债（127007）的发行公告中规定：湖广转债向下修正后的转股价格不低于股东大会召开日前二十个交易日公司A股股票交易均价和前一个交易日公司A股股票交易均价之间的较高者，转股价格保留两位小数（尾数向上取整）。同时修正后的转股价格不得低于A股股票面值。

在湖广转债的发行公告中，并无转股价下修不得低于正股每股净资产的规定，当时湖北广电股东大会召开日前二十个交易日A股股票交易均价为7.5689元/股，股东大会召开日前一个交易日A股股票交易均价为7.9145元/股，因此在2019年2月21日，湖广转债下修后的转股价格为7.92元/股，而湖北广电2018年的每股净资产为9.41元，湖广转债的转股价突破每股净资产的限制，成功下修到底。

④ 下修后的转股价不能低于每股净资产

转股价下修不得低于每股净资产的情况主要集中在一些银行、券商类可转债上，这些可转债的发行公告中都有规定：修正后的转股价格不低于最近一期经审计的每股净资产和股票面值。

一些有国有企业背景的可转债也禁止可转债下修低于每股净资产，主要考虑的是避免国有资产流失。

例如，本钢转债（127018）的正股本钢板材（000761）是国有企业，在本钢转债的发行公告中规定：修正后的转股价格不得低于最近一期经审计的每股净资产和股票面值。

在这里有读者可能会产生疑问：截至2022年4月22日，浦发转债的转股价为13.97元/股，而正股浦发银行最近一期经审计的每股净资产为18.00元，那岂不是转股价低于每股净资产了吗？实际上，浦发转债的初始转股价为15.05元/股，初始转股价生效日期为2019年10月23日。其间因为正股利润分配而调整过两次转股价，以至于目前的转股价为13.97元/股。而浦发转债在2019年上市之初的转股价为15.05元/股，正好等于2018年年报披露的浦发银行15.05元的每股净资产。有意思吧？浦发银行深知自身严重破净并且无法下修，干脆一开始就把转股价设置为每股净资产。

当然，银行、券商类可转债下修转股价不能低于每股净资产的要求也让这类可转债的转股价值普遍偏低，转股溢价率往往居高不下，显得非常"鸡肋"。

⑤ 未上市就下修

可转债下修转股价并非一定要发生在可转债上市后，一些可转债在上市前，由于正股股价下跌到下修阈值，随即下修了转股价。

例如，2021年2月8日上市的海兰转债（123086），在上市之前满足了下修条件，董事会随即提议下修转股价并在股东大会上通过，海兰转债也成为A股市场上首只未上市先下修的可转债。

⑥ 一年内多次下修转股价

可转债并非一年内只能下修一次转股价，只要可转债的正股股价满足下修条件，就可以提议下修，一年内也可以多次下修转股价。

例如，胜达转债（113591）的正股是大胜达（603687），大胜达的股东大会于2020年12月30日通过了下修转股价提案，自2021年1月4日起，胜达转债的转股价格由14.73元/股调整为10.46元/股。2021年5月18日，股东大会再次通过了胜达转债下修转股价提案，自2021年5月20日起，胜达转债的转股价格由10.46元/股调整为8.83元/股。

⑦ 可转债下修阈值不同

不同可转债的下修阈值不同，有的可转债下修条件比较苛刻，有的可转债下修条件相对宽松。

例如，海兰转债（123086）的正股股价只要在任意连续二十个交易日中至少有十个交易日的收盘价低于当期转股价格的90%，就满足了下修条件；而兴森转债（128122）的正股股价要在任意连续三十个交易日中至少有二十个交易日的收盘价低于当期转股价格的70%，才满足下修条件。相比之下，海兰转债的下修条件更为宽松，也更容易实现。

可转债的下修条件宽松与否，可以作为我们筛选可转债的标准之一。

⑧ 持有可转债的大股东无表决权

董事会关于可转债的转股价下修提案需要交由公司股东大会表决，并且下修方案须经出席会议的股东所持表决权的2/3以上通过方可实施。而在股东大会进行表决时，持有可转债的股东是没有表决权的。

大股东为了在股东大会上获得表决权，往往会提前减持可转债。例如，永鼎股份（600105）的董事会于2019年11月21日提议下修永鼎转债（110058）的转股价，公司将于2019年12月18日召开2019年第四次临时股东大会，审议《关于向下修正"永鼎转债"转股价格的议案》。此后，永鼎股份的大股东永鼎集团在2019年11月25日至2019年12月2日期间，通过上海证券交易所交易系统累计减持永鼎转债98万张，占永鼎转债发行总量的10%。减持永鼎转债后的大股东永鼎集团获得了股东大会的表决权，之后永鼎转债的转股价也成功下修。

在上述情况中，永鼎股份的大股东是在董事会提议下修后减持可转债的。如果大股东在董事会提议下修转股价前减持可转债，则也可能是可转债将要下修转股价的信号。当然，这需要我们提前关注发债公司的各种公告，进而判断上市公司大股东的意图。

⑨ 下修转股价是可转债的利好

在下修转股价后，可转债的转股价值会得到提升，可转债的价格也会随之水涨船高。因此，下修转股价是可转债的重要利好之一。

例如，湖广转债（127007）在2019年2月22日下修转股价成功后，伴随着转股价值的提升，湖广转债连续上涨，价格从之前的面值附近一度跃升至141.900元/张，如下图所示。

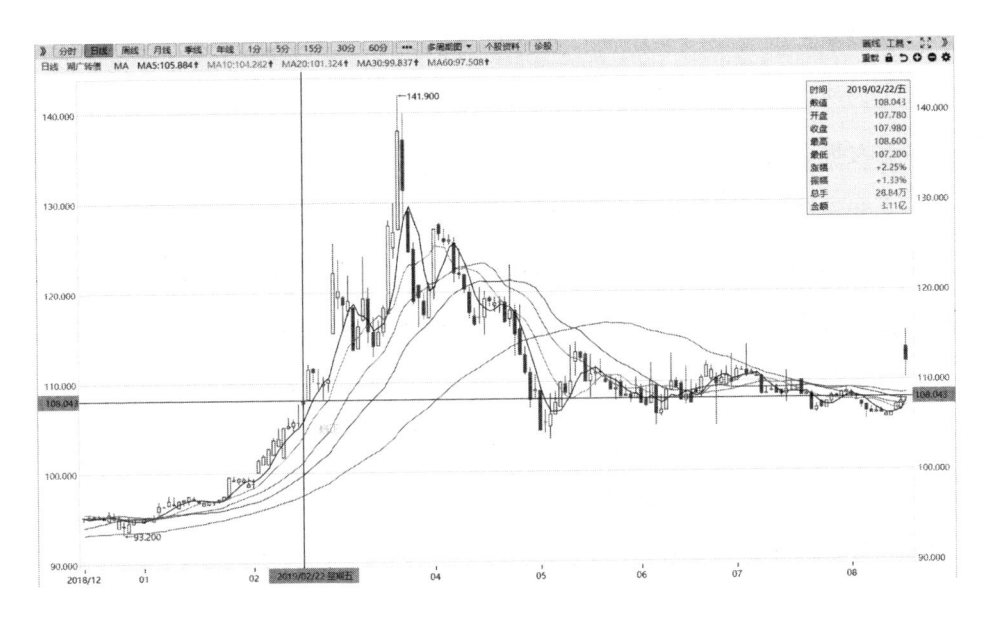

2）调　　整

转股价调整与转股价修正不同，转股价调整一般是指当可转债的正股发生送红股、转增股本、增发新股、配股或派发现金股利等情况时，对可转债的转股价进行相应的调整。

可转债的转股价调整是很容易理解的，以正股分红而下调转股价为例。如果上市公司分红后不调整正股股价，而正股股价会因为除息而回落，这时候可转债的转股价值就会下降，对可转债投资者而言是不公平的，因此正股分红需要调整可转债的转股价。

特别地，因正股分红而调整转股价格是不受每股净资产限制的。还需要说明的是，正股分红、增发等引起的转股价调整虽然会影响可转债的转股价值，但是正股同样会进行相应的除权除息，因此调整转股价对可转债的价格影响往往很小。

转股价调整的具体计算方法如下（保留小数点后两位，最后一位四舍五入）：

派送股利或转增股本：$P_1=P_0\div(1+n)$；

增发新股或配股：$P_1=(P_0+A\times k)\div(1+k)$；

上述两项同时进行：$P_1=(P_0+A\times k)\div(1+n+k)$；

派发现金股利：$P_1=P_0-D$；

上述三项同时进行：$P_1=(P_0-D+A\times k)\div(1+n+k)$。

其中，P_0为调整前的转股价，n为送股率，k为增发新股或配股率，A为增发新股股价或配股股价，D为每股现金股利，P_1为调整后的转股价。

下面简单列举一些实例说明转股价的调整方法。

① 现金分红导致转股价调整

紫金银行（601860）在2021年5月24日宣布每股派发现金红利0.10元，因此需要对转股价进行调整。

根据公式

$$P_1=P_0-D$$

其中，P_1为调整后的转股价，P_0为调整前的转股价4.75元/股，D为每股派送现金红利0.10元。

$$P_1=P_0-D$$
$$=4.75-0.10$$
$$=4.65(元)$$

所以，紫银转债调整后的转股价为4.65元/股。

② 送股或转增股本导致转股价调整

东方财富（300059）于2018年4月11日发布公告称：公司将实施2017年度权益分派方案，用资本公积金向全体股东每10股转增2股，每10股派发现金股利人民币0.20元（含税）。因此，需要对东财转债（123006）的转股价进行调整。

根据公式

$$P_1=(P_0-D)\div(1+n)$$

其中，P_1为调整后的转股价，P_0为调整前的转股价13.69元/股，D为每股派送现金红利0.20元，n为送股率。

$$n=2\div10=0.2$$
$$P_1=(P_0-D)\div(1+n)$$
$$=(13.69-0.20)\div(1+0.2)$$
$$\approx11.24(元)$$

所以，东财转债调整后的转股价为11.24元/股。

③ 回购股份导致转股价调整

大族激光（002008）在回购注销股份后，于2022年3月1日发布公告，要对转股价进行相应的调整。大族激光此次共回购注销了15 335 036股股票，回购前大族激光总股本为1 067 072 739股，回购后大族激光总股本为1 051 737 703股。

大族转债的转股价根据以下公式进行调整：

$$P_1=(P_0+A\times k)\div(1+k)$$

其中，P_1为调整后的转股价，P_0为初始转股价格51.90元/股，A为31.95元/股（回购价格均价），k为回购注销股份占总股本比例−0.01437（−15 335 036股÷1 067 072 739股）。

$$P_1=(P_0+A\times k)\div(1+k)$$

$$=[51.90+31.95\times(-0.014\ 37)]\div(1-0.014\ 37)$$

$$\approx 52.19（元）$$

所以，大族转债调整后的转股价为52.19元/股。

④ 增发新股导致转股价调整

当上市公司增发或者配股，其增发（配股）价格高于初始转股价格时，也会出现转股价格向上调整的情况。以光大转债（113011）为例进行说明。

2017年12月22日，光大银行（601818）宣布完成H股定向增发，增发价格为5.3283港元/股，折合人民币4.72元/股，合计增发5 810 000 000股新股，增发前光大银行总股本为46 679 095 000股。因此，需要对光大转债（113011）的转股价进行调整。

光大转债的转股价根据以下公式进行调整：

$$P_1=(P_0+A\times k)\div(1+k)$$

其中，P_1为调整后的转股价，P_0为调整前的转股价4.26元/股，k为增发新股率，A为增发新股股价4.72元/股。

$$k=5\ 810\ 000\ 000\div 46\ 679\ 095\ 000$$

$$P_1=(P_0+A\times k)\div(1+k)$$

$$=[4.26+4.72\times(5\ 810\ 000\ 000\div 46\ 679\ 095\ 000)]$$

$$\div[1+(5\ 810\ 000\ 000\div 46\ 679\ 095\ 000)]$$

$$\approx 4.31（元）$$

所以，光大转债调整后的转股价格为4.31元/股。

在可转债的转股期内转股，有一种特殊情况是转股价发生了调整，此时单张可转债的可转换股数也会有所改变。一般来说，上市公司宣布调整转股价时会暂停可转债转股。例如，大族激光（002008）在2022年4月22日发布公告称：鉴于大族激光科技产业集团股份有限公司将于近日发布2021年度权益分派实施公告，根据《大族激光科技产业集团股份有限公司公开发行可转换公司债券募集说明书》中"转股价格的调整方式及计算公式"条款的约定，自2022年4月22日起至本次权益分派股权登记日（2022年4月28日）止，公司可转换公司债券（债券代码：128035；债券简称：大族转债）将暂停转股，自本次权益分派股权登记日后的第一个交易日（2022年4月29日）起恢复转股。

还有一种更特殊的情况，就是转股价调整日为本次可转债持有人转股申请日或之后，转换股份登记日之前，则该持有人的转股申请按公司调整后的转股价格执行。

六、赎 回

可转债的赎回形式包括两种：第一种是到期赎回；第二种是有条件赎回。通常我们将可转债的有条件赎回称为强赎。

1. 到期赎回

可转债的到期赎回是指可转债在期满后，发债公司按照一定的价格全部赎回未转股的可转债。

例如，华正转债在发行公告中说明："在本次发行的可转债期满后五个交易日内，公司将以本次发行的可转债票面面值的108%（含最后一期利息）的价格赎回全部未转股的可转债。"

如果华正转债在存续期内没有实现全部转股，那么正股华正新材将会在最后按照108元/张的价格赎回剩余的可转债。

关于可转债的到期赎回，有以下几点需要我们注意。

1) 到期赎回价包含最后一年的利息

华正转债的到期赎回价包含最后一年的利息。华正转债第六年的利率是2.00%，单张华正转债最后一年可以分配到2元的利息，但是这2元的利息是包含在到期赎回价中的，并不会单独分配。

2）可转债到期赎回需要纳税

单张华正转债的到期赎回价是108元，但不意味着到手108元，这里需要考虑扣税问题。一般来讲，可转债到期赎回时，对个人投资者和证券投资基金，按20%的税率缴税；对合格境外机构投资者（QFII），按10%的税率缴税；对持有可转债的其他机构投资者，不代扣代缴所得税。

对于个人投资者，关于20%的个人所得税从哪部分扣除，实际上是有非常多的争议的。在已经退市的格力转债（110030）、电气转债（113008）、航信转债（110031）等可转债赎回案例中，是按照可转债到期赎回价高于面值部分扣除20%的个人所得税的。

例如，单张格力转债的到期赎回价为106元，高于面值部分是6元，该部分扣除20%个人所得税为1.20元，投资者实际拿到手的是104.80元。航信转债和电气转债也是按照格力转债的扣税方式进行的。

然而，根据《中华人民共和国个人所得税法》的规定，个人投资者在投资股票、债券时，只有获得利息、股息、红利时才需要纳税。可转债的到期赎回价包含最后一年的利息，上述格力转债最后一年的利率为2.00%。也就是说，单张格力转债到期赎回价高于面值的6元中，只有2元属于债券利息，那么根据税法规定，个人投资者只需要缴纳2×20%=0.40（元）的个人所得税即可，单张格力转债实际到手金额应该是106-0.40=105.60（元）。

因此，格力转债对高于100元面值的6元，全额扣除20%的个人所得税，实际上是非常不合理的。

这个问题的关键在于对可转债到期赎回价的定义上。目前，可转债的到期赎回价包含了最后一年的利息，那么赎回价扣除最后一年利息的部分如何定义？在上述例子中，单张格力转债的到期赎回价是106元，减去最后一年2元的利息，实际赎回价其实是104元，而这高出可转债面值部分的4元，究竟应该如何定义？遗憾的是，目前我国没有相关的法律对这部分金额进行严格的定义，因此导致了目前的扣税行为。

在A股市场上目前已经退市的可转债中,大部分是以强赎结束历史使命的,强赎的比例高达90%以上。但是,总有一些不争气的可转债在存续期内由于各种原因没有实现强赎,最后发债公司不得不选择到期赎回未转股的可转债。

例如,九州转债(110034)在其存续的6年内,一直没有满足强赎条件,最后阶段的转股溢价率也相对较高,发债公司九州通不得不到期赎回所有未转股的九州转债。

可转债以到期赎回的方式结束,是大多数投资者不愿意看到的,因此我们要有一定的能力鉴别出这类可转债。到期赎回的可转债一般在最后一年还有一定的溢价,发债公司也有足够的资金应对未转股的可转债。上述九州转债的正股九州通,发行该股的公司的期末剩余现金及现金等价物余额远远高于可转债余额,当时公司拉抬正股无力,索性到期赎回可转债。

另外,据统计,可转债在6年的存续期内,如果前5年没有成功实现强赎,那么最后一年大概率也无法实现强赎。仔细想一想,如果一家勤奋努力的上市公司真想实现可转债强赎,那么它在前几年一定会想尽办法提升业绩,或者下修转股价和拉抬正股股价等,何必等到到期赎回临近呢?

3)可转债最后交易日的推算

对于可转债的到期赎回,我们还要学会推算可转债的最后交易日。海印转债(127003)在2022年将到期赎回,根据海印转债的发行公告中的条款,海印转债的到期日为2022年6月7日,根据《深圳证券交易所可转换公司债券业务实施细则》规定,"可转换公司债券在转股期结束前十个交易日应当停止交易"。那么,我们从2022年6月7日向前数十个交易日(包含2022年6月7日),推算出海印转债的停止交易日应该是2022年5月24日,海印转债的最后交易日就是2022年5月23日。

实际上,根据海印股份(000861)后期发布的公告,海印转债的最后交易日的确为2022年5月23日。并且在停止交易后、转股期结束前(2022年5月24日至2022年6月7日),海印转债的持有人仍可以依据约定的条件将海印转债转换为海印股份的股票。

在这里解释一下为什么要在上市公司发布公告前推算可转债的最后交易日，主要原因就是价格回落问题。一般来说，当可转债趋于最后交易日时，价格一般会逐渐回落到到期赎回价附近，对于普通投资者而言，这时候可转债的投资价值就会锐减。

同时，根据推算出的可转债最后交易日，我们可以预估一下可转债强赎的可能性，因为满足强赎条件是需要一定的时间周期的，一般是连续三十个交易日。而如果可转债在距离最后交易日三十日内依然达不到强赎条件，那么触发强赎的可能性就微乎其微了。推测可转债能否实现强赎，也是我们投资可转债的重要参考依据。

4）到期赎回前自买自转

我们知道，如果可转债在到期前还有大量的未转股余额，那么上市公司不得不耗巨资赎回所有未转股的可转债。而一些上市公司为了减轻偿债的压力，会自买自转。

海印转债（127003）的正股是海印股份（000861），自海印转债上市以来，海印股份的股价一直表现低迷，上市公司下修转股价也不是很彻底。结果海印转债即将被到期赎回时，还有6.73亿元的未转股余额，要知道海印转债的发行规模才11.11亿元，海印股份将要到期赎回占发行规模一半以上的海印转债。

然而，自2022年5月5日以来，海印转债的未转股余额却逐渐减少，而此时海印转债的转股溢价率还是正值。哪个投资者会在海印转债有溢价时亏损着转股呢？大概率就是海印股份的大股东在自买自转（大股东自己买可转债，再进行转股）。海印转债临期时还有6.73亿元的规模，大股东通过自买自转的方式，在海印转债的最后交易日，成功地将海印转债的剩余规模降至3.815亿元，其间自买自转的金额高达2.915亿元，见下表。按照10%的平均转股溢价率来计算，损失只有3 000万元左右，而如果到期赎回这部分可转债，则需要3亿元以上的资金。

要知道海印股份的流动资金并不是很充裕，能够保证海印转债到期不违约，已经尽力了。

日期	收盘价（元）	成交额（万元）	转股价值（元）	到期税前收益率	转股溢价率	剩余规模（亿元）	换手率
2022/5/23	111.300	40583.03	98.33	−26.55%	13.19%	3.815	96.27%
2022/5/20	109.920	28403.77	94.65	1.40%	16.13%	4.166	62.14%
2022/5/19	109.615	8729.37	93.65	6.39%	17.05%	4.339	18.35%
2022/5/18	109.727	8626	94.65	4.29%	15.93%	4.442	17.69%
2022/5/17	109.833	11723.2	97.66	2.53%	12.47%	4.62	23.11%
2022/5/16	110.081	11711.9	100.33	−1.17%	9.71%	4.62	22.88%
2022/5/13	112.210	26256.79	111.37	−27.74%	0.75%	4.645	50.54%
2022/5/12	110.458	9815.66	103.01	−5.60%	7.23%	5.354	16.66%
2022/5/11	109.599	14997.79	102.68	4.75%	6.74%	5.617	24.18%
2022/5/10	109.994	11745.89	103.01	0.07%	6.78%	6.056	17.64%
2022/5/9	110.000	14910.15	102.68	0.00%	7.13%	6.388	21.25%
2022/5/6	109.600	9080.71	101.00	4.06%	8.51%	6.717	12.33%
2022/5/5	109.910	11284.89	101.34	0.88%	8.46%	6.724	15.25%
2022/4/29	110.100	8799.05	98.33	−0.83%	11.97%	6.73	11.89%

2. 强　赎

可转债的强赎有两种形式。第一种形式是可转债在存续期内，当正股股价满足一定条件后，发债公司有权利按照债券面值加当期应计利息的价格赎回全部或部分未转股的可转债。

例如，宁建转债（113036）的强赎条件是：在转股期内，如果公司股票在任何连续三十个交易日中至少十五个交易日的收盘价格不低于当期转股价格的130%（含130%）。

宁建转债当期的转股价是4.76元/股，转股价的130%就是6.188元/股。宁建转债的正股宁波建工自2022年2月18日开始，正股股价在连续三十个交易日中存在十五个交易日的收盘价高于6.188元/股，满足了强赎条件，如下图所示。之后，宁波建工迅速宣布提前赎回宁建转债。

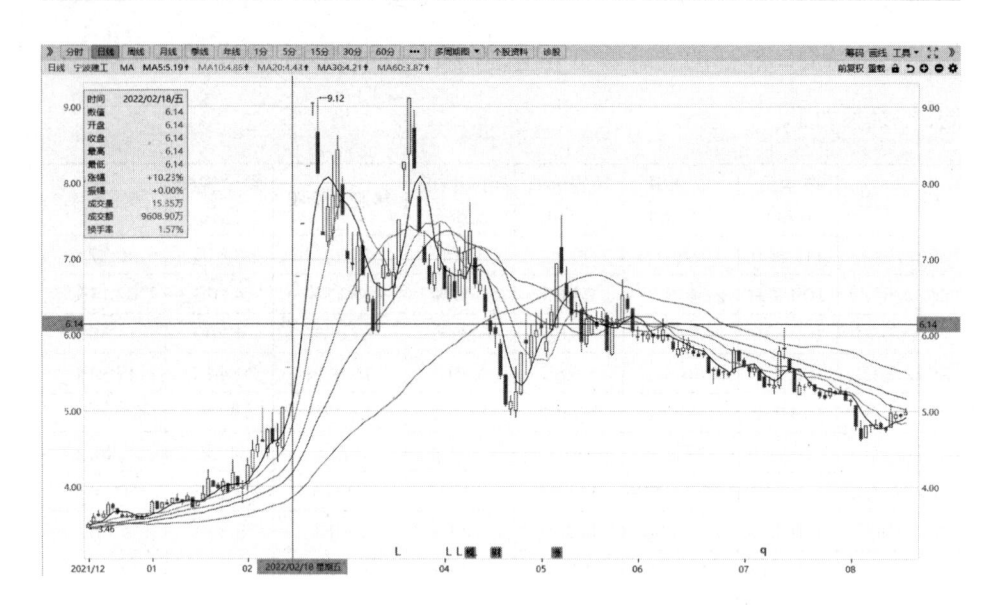

可转债强赎的第二种形式是基于可转债剩余规模而言的，一般来说，当可转债的未转股余额不足3 000万元时，上市公司有权决定提前赎回未转股的所有可转债。

例如，中装转债（128060）的发行公告中关于强赎部分有这样的内容：当本次发行的可转债未转股余额不足3 000万元时，公司有权决定按照债券面值加当期应计利息的价格赎回全部或部分未转股的可转债。

截至2020年2月6日收市后，中装转债的流通面值为2 978.94万元，已低于3 000万元，已经触发《募集说明书》中约定的有条件赎回条款。根据赎回安排，截至2020年3月19日收市后尚未实施转股的中装转债将按照100.390元/张的价格强制赎回。

关于强赎，我们需要注意以下几点。

1）强赎条件问题

可转债的强赎条件一般是正股在任何连续三十个交易日中至少十五个交易日的收盘价格不低于当期转股价格的130%，如果正股股价是转股价的1.3倍，根据公式"转股价值=100÷转股价×正股股价"，满足强赎条件时可转债的转股价值要维持在130元以上，那么此时可转债的价格往往会高于130元/张，因为如果低于130元/张，则将会出现折价套利的可能。所以，强赎条款也可以简单地理解为：可转债的价格在一定时间内达到130元/张以上。

可转债的强赎只能在转股期内进行，尚未进入转股期的可转债，即使价格涨到130元/张以上，也不能够强赎。

宁建转债（113036）的强赎条件是：正股在任何连续三十个交易日中至少十五个交易日的收盘价格不低于当期转股价格的130%（含130%）。首先要注意是正股的收盘价不低于转股价的130%，而不是正股的盘中最高价或最低价不低于转股价的130%。其次是连续三十个交易日中至少有十五个交易日满足条件，这十五个交易日不需要连续，可以有间断，只要满足连续的三十个交易日中有满足条件的十五个交易日即可。

2）强赎价格计算

可转债的强赎价是可转债面值加上当期利息，当期应计利息的计算公式为：

$$IA = B \times i \times t \div 365$$

其中，IA指当期应计利息；B指本次发行的可转换公司债券持有人持有的可转换公司债券票面总金额；i指可转换公司债券当年票面利率；t指计息天数，即从上一个付息日起至本计息年度赎回日止的实际日历天数（算头不算尾）。

例如，天合光能（688599）于2022年3月25日发布公告称，将于2022年4月13日强赎所有未转股的天合转债（118002）。天合转债当期计息年度（2021年8月13日至2022年8月12日）的票面利率为0.30%。计息天数自起息日2021年8月13日至2022年4月13日（算头不算尾）共计243天。因此，每张天合转债当期应计利息为100×0.30%×243÷365≈0.200（元），故天合转债的赎回价格=面值+当期应计利息=100+0.200=100.200（元/张）。

另外，可转债在强赎时，单张可转债投资者实际到手的金额并不等于强赎价，这是因为可转债提前赎回时也要扣税，对于个人投资者来说，可转债强赎价高于面值的部分按照20%的所得税率进行扣税。例如，单张天合转债的强赎价为100.200元，高于面值的部分为0.200元，扣除20%的个人所得税为0.200×20%＝0.040（元），故单张天合转债强赎时，个人投资者实际到手的金额为100.160元。

3）公司宣布不强赎

在可转债的存续期内，当正股股价满足强赎条件后，公司可以选择不强赎。

例如，湖广转债（127007）在满足强赎条件后，公司董事会决定不提前赎回湖广转债，同时自2022年1月27日至2022年7月26日期间，在湖广转债触发有条件赎回条款时，公司均不行使湖广转债的提前赎回权利。

那么，当可转债满足强赎条件后，公司为什么不强赎呢？主要原因有两个：第一，此时可转债转股数量较少，如果宣布强赎，则会促使可转债大量转股，因而在短期内会对正股股价产生很大的抛压；第二，公司目前可用资金不足，担心宣布强赎后，公司没有足够的资金应对最后未转股的可转债余额。例如，上述湖广转债满足强赎条件时，还有4亿元以上的未转股余额，而当时湖北广电可用资金仅为2.8亿元左右（这里的可用资金取湖北广电2021年三季报中的期末现金及现金等价物余额）。因此，公司可能担心可用资金不足，从而选择不提前赎回可转债。

4）不强赎期过后立即强赎

上面我们提到，当可转债满足强赎条件后，上市公司可以选择在约定的期限内不提前赎回可转债，那么，当约定的期限过去之后，上市公司是可以选择强赎的。然而，有些上市公司在不强赎期限刚过就立即宣布强赎，让很多投资者措手不及。

2022年5月23日晚间，荣晟环保（603165）发布公告称，自2022年4月12日至2022年5月23日期间，浙江荣晟环保纸业股份有限公司的股票价格已满足连续三十个交易日中至少有十五个交易日的收盘价格不低于荣晟转债（113541）当期转股价格（10.84元/股）的130%（14.092元/股）。根据公司《公开发行可转换公司债券募集说明书》中有条件赎回条款的相关约定，已触发荣晟转债的提前赎回条件。公司第七届董事会第十三次会议审议通过了《关于提前赎回荣晟转债的议案》，决定行使荣晟转债的提前赎回权利，按照可转债面值加当期应计利息的价格，对赎回登记日收市后登记在册的荣晟转债全部赎回。

而此前荣晟环保发布的不强赎公告如下：公司股票自2021年10月12日至2021年11月22日期间已触发荣晟转债的赎回条款，公司董事会决定本次不行使荣晟转债的提前赎回权利，不提前赎回荣晟转债。同时决定在未来6个月内（2021年11月23日至2022年5月22日），若荣晟转债再次触发赎回条款，公司均不行使提前赎回权利。

上一个不强赎的截止日是2022年5月22日，结果2022年5月23日晚上就公告要强赎。这就造成了一个问题：在不强赎期满之后，需要重新对满足强赎条件的日期进行计数吗？如果需要，那么荣晟环保在2022年5月23日晚间发布的强赎公告就存在问题。然而，荣晟环保之前的不强赎公告中只限制了"2021年11月23日至2022年5月22日"内不进行强赎，并无强赎重新计数的相关规定，那么荣晟环保在2022年5月23日公告强赎并不违规，因为自2022年4月7日起，到2022年5月23日结束，荣晟转债在连续三十个交易日内，有十八个交易日荣晟环保的股价大于或等于荣晟转债转股价的130%（荣晟转债的转股价值大于或等于130元），见下表。

日　　期	收盘价（元）	转股价值（元）
2022/5/23	139.02	127.68
2022/5/20	137.60	125.65
2022/5/19	136.29	124.35
2022/5/18	136.77	125.83
2022/5/17	136.82	125.74
2022/5/16	138.11	126.38
2022/5/13	138.95	127.68
2022/5/12	138.72	127.95
2022/5/11	140.17	131.00
2022/5/10	140.13	132.20
2022/5/9	142.22	134.96

续表

日　　期	收盘价（元）	转股价值（元）
2022/5/6	134.11	124.72
2022/5/5	135.24	125.55
2022/4/29	133.49	124.45
2022/4/28	135.47	131.18
2022/4/27	130.92	124.45
2022/4/26	144.56	138.28
2022/4/25	145.03	142.62
2022/4/22	155.83	154.43
2022/4/21	155.42	154.98
2022/4/20	159.86	157.93
2022/4/19	160.56	157.38
2022/4/18	157.63	156.37
2022/4/15	159.10	157.75
2022/4/14	160.34	159.50
2022/4/13	161.95	157.75
2022/4/12	158.16	155.72
2022/4/11	156.00	154.70
2022/4/8	160.34	158.49
2022/4/7	163.06	160.70

实际上，荣晟转债问题的关键在于，在不强赎期满之后，新的强赎计数日是否可以从不强赎期中开始计数。在可转债历史上，曾经有一些可转债是从不强赎期中计数新的强赎的。例如，振德转债（113555）公告在2020年8月8日至2020年11月7日不提前赎回，结果在2020年11月9日就公告提前赎回；久吾转债（123047）公告在2021年8月13日至2021年9月11日不提前赎回，结果在2021年9月13日就公告提前赎回。当时这些上市公司的做法并没有受到证监会的监管核查。

实际上，荣晟环保这么着急提前赎回荣晟转债是有原因的。荣晟转债进入2022年5月后价格迅速回落，荣晟环保担心此时不强赎，之后会对公司造成麻烦。虽然荣晟环保这样的做法欠妥，但是荣晟环保在2022年5月14日曾经发布提示公告：浙江荣晟环保纸业股份有限公司于2021年11月23日发布了《关于不提前赎回荣晟转债的提示性公告》，决定在未来6个月内（2021年11月23日至2022年5月22日），若荣晟转债再次触发赎回条款，公司均不行使提前赎回权利。在此之后，若荣晟转债再次触发赎回条款，届时公司董事会将召开会议决定是否行使荣晟转债的提前赎回权利。公司股价自2022年4月12日至2022年5月13日期间已有十五个交易日的收盘价格不低于当期转股价格（10.84元/股）的130%（含130%）。上述不赎回期间届满后，将可能再次触发荣晟转债的赎回条款，公司董事会将召开会议决定是否行使荣晟转债的提前赎回权利。敬请广大投资者详细了解可转债相关规定，并关注公司后续公告，注意投资风险。当时荣晟转债的投资者应该意识到荣晟环保可能会在不强赎期满后迅速提议强赎。

5）公司宣布强赎后的可转债表现

可转债的强赎价是面值加当期应计利息，如天合转债的强赎价是100.200元/张，强赎价一般要远远低于可转债的交易价格。实质上，强赎宣告了可转债的末日，这一点与之前A股市场上的权证类似。可转债的赎回价一般在100元/张左右，而满足强赎条件时可转债的交易价格能够维持在130元/张以上。当可转债宣布强赎后，由于担心可转债被低价赎回，投资者纷纷选择转股或者择机在二级市场上卖出，因此导致了可转债在宣布强赎后价格快速下跌。

天合光能在2022年3月16日宣布强赎，之后天合转债一路下跌，最后一个交易日的收盘价格跌至100.150元/张，甚至低于赎回价，如下图所示。

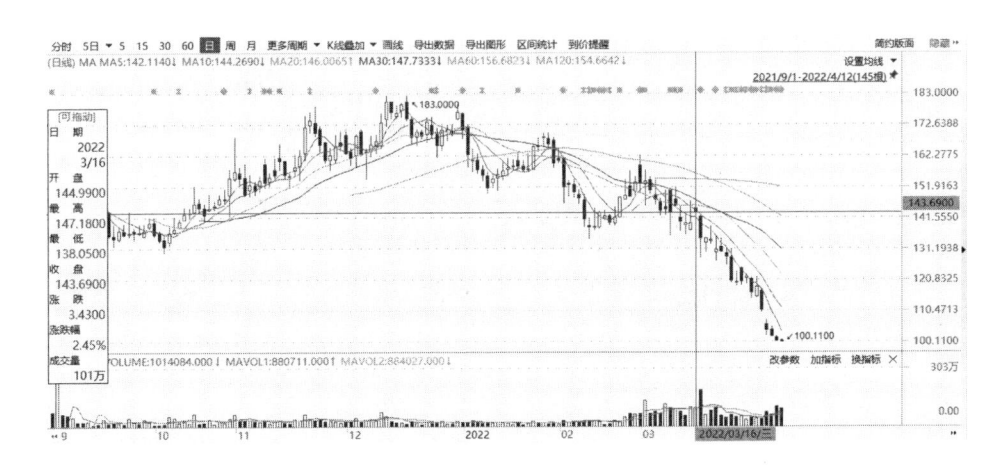

再比如，吉视传媒（601929）发行的第一只可转债——吉视转债（113007）。吉视转债于2014年9月25日上市，上市后不久便遇上了2015年的牛市，吉视转债在2015年6月15日一度将价格攻上199元/张的历史最高价。2015年5月29日，吉视传媒宣布提前赎回吉视转债，赎回价格为100.420元/张。然而不幸的是，吉视转债在宣布强赎后不久，就遭遇了2015年的股市大幅下跌，自2015年6月16日起，吉视转债的价格迅速回落，到了最后一个交易日，吉视转债的价格甚至跌到了100.180元/张。吉视转债在宣布强赎后价格受到股灾的影响严重，很多投资者根本找不到合适的价位卖出吉视转债或者进行转股，导致最后未转股的吉视转债高达6.47 151亿元的规模，要知道吉视转债的发行规模也才17亿元。过多的未转股可转债给吉视传媒公司造成了巨大的资金损失。

当然，并非所有可转债在宣布强赎后价格都会迅速回落。如果可转债在宣布强赎后，上市公司正股表现强劲，加上部分游资炒作"末日"债，那么可转债甚至会在最后交易日表现出"末日"轮。

例如，常汽转债（113550）的最后交易日为2022年4月18日，对应的正股常熟汽饰（603035）在可转债临近强赎时表现强劲，在2022年4月18日更是出现涨停，在正股的带动下，常汽转债在最后交易日甚至大涨8.20%，如下图所示。

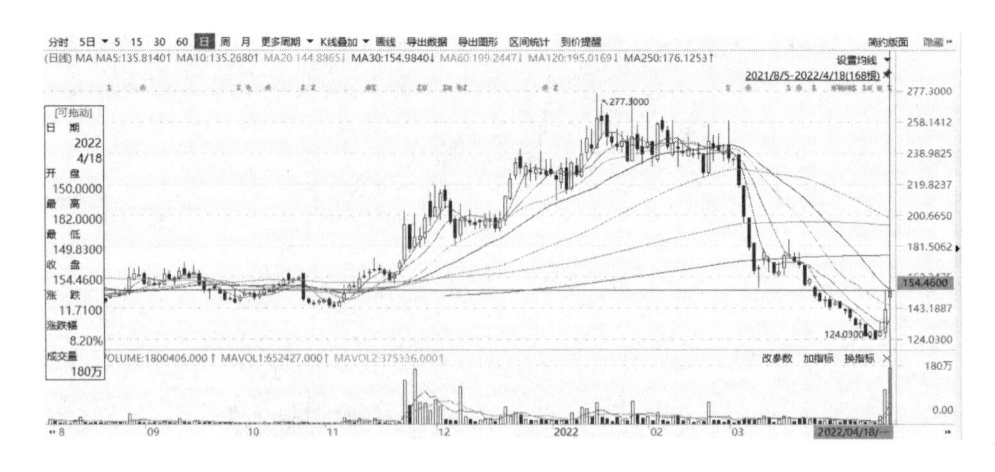

可转债在宣布强赎后,并非都可以完全转股,如东财转3(123111)在最后还剩余了0.1406亿元没有转股。东财转3的最后交易价格是114.500元/张,要远高于强赎价,未转股的投资者无疑承担了巨大的损失。

6)可转债宣布强赎后如何做

可转债在宣布强赎后,投资者要择机在二级市场上卖出可转债,或者选择转股。经常有投资者由于一些原因在最后忘记卖出或转股,导致手中的可转债被低价强赎,损失惨重。一般而言,在可转债最后交易日前,上市公司会发布一系列提示性公告,提醒投资者可转债马上要赎回了。

如果投资者选择转股,则要注意转股截止日和转股权限。

转股截止日是指可转债能够转股的最后日期。转股截止日与可转债的最后交易日不同,有些可转债的最后交易日即为转股截止日,有些可转债在停止交易后依然能够进行转股。

例如,天合转债(118002)的赎回登记日为2022年4月12日,在2022年4月12日(含当日)收市前,天合转债持有人可以选择在二级市场上继续交易,或者以当前转股价格50.40元/股转换为天合光能(688599)。那么,实际上天合转债的最后交易日即为转股截止日,而自赎回登记日下一个交易日(2022年4月13日)起,天合转债将停止交易和转股,天合光能将按照100.200元/张的赎回价赎回全部未转股的天合转债。天合转债是一个典型的最后交易日即为转股截止日的例子。

而中装转债(128060)的赎回登记日为2020年3月19日,在2020年3月19日(含当日)收市前,中装转债持有人可以将其转换为中装建设(002822)股票。但是,中装转债的最后交易日是2020年2月12日,也就是说,在中装转债停止交易后的一段时间内,中装转债持有人依然可以进行转股操作。

因此,对于不同的可转债,投资者一定要认真阅读可转债的赎回公告,弄清楚可转债在停止交易后是否还可以转股,以避免强赎造成的巨大损失。

转股权限主要是指创业板和科创板的权限。如果投资者没有开通创业板和科创板权限,则无法将创业板和科创板的可转债转换为对应的正股股票。

例如,东财转3(123111)的正股东方财富(300059)是创业板股票,投资者只有开通了创业板权限,才能将东财转3转换为东方财富股票。如果投资者没有开通创业板权限,则只能选择在二级市场上卖出东财转3。

七、回　售

可转债回售是指当可转债的正股股价低于当期转股价一定比例时,投资人可以要求发债公司以面额加计利息补偿金的价格收回可转债。回售主要包括有条件回售和附加回售两种形式。

1. 有条件回售条款

有条件回售是可转债触发回售的主要形式。例如,泰林转债(123135)的有条件回售条款是:在本次发行的可转换公司债券最后两个计息年度,如公司股票在任何连续三十个交易日的收盘价格低于当期转股价的70%时,可转换公司债券持有人有权将其持有的可转换公司债券全部或部分按债券面值加上当期应计利息的价格回售给公司。若在上述交易日内发生过转股价格因发生送红股、转增股本、增发新股(不包括因本次发行的可转换公司债券转股而增加的股本)、配股以及派发现金股利等情况而调整的情形,则在调整前的交易日按调整前的转股价格和收盘价格计算,在调整后的交易日按调整后的转股价格和收盘价格计算。如果出现转股价格向下修正的情况,则上述"连续三十个交易日"须从转股价格调整之后的第一个交易日起按修正后的转股价格重新计算。最后两个计息年度可转换公司债券持有人在每年回售条件首次满足后可按上述约定条件行使回售权一次,若在首次满足回售条件而可转换公司债券持有人未在公司届时公告的回售申报期内申报并实施回售的,该计息年度不应再行使回售权,可转换公司债券持有人不能多次行使部分回售权。

这里列举一个可转债回售的例子。2018年8月22日,江南水务(601199)发布公告称:江苏江南水务股份有限公司的A股股票"江南水务"自2018年7月

11日至2018年8月21日连续三十个交易日内有三十个交易日的收盘价格低于当期转股价格的80%。根据《江苏江南水务股份有限公司可转换公司债券募集说明书》的约定，可转债回售条款生效。江南转债（113010）的持有人在回售期（2018年8月29日至2018年9月4日）内，可以按照103元/张的价格，将江南转债回售给上市公司。

实际上，大多数上市公司为了避免回售对公司资金面的影响，往往在可转债即将触发回售条款时下修转股价。下修转股价既可以让回售计数日重新计算，又可以提升可转债的转股价值，进而避免了回售条款的触发。

例如，在江南转债（113010）的例子中，江南水务（601199）曾经通过下修转股价避免了一次回售。江南转债的第三个计息年度为2018年3月18日至2019年3月17日，因为2018年3月18日是星期日，可转债的回售计数日需要是交易日才行，所以江南转债从2018年3月19日开始回售计数。当时江南转债的转股价格为9.30元/股，回售阈值为转股价格的80%，那么当时的回售触发价格=转股价格×回售阈值=9.30×0.80=7.44元/股。因此，从2018年3月19日（2018年3月18日为星期日）开始，当江南水务的收盘价连续三十个交易日低于7.44元/股时，可转债持有人就可以按照103元/张的价格将可转债回售给江南水务。到了2018年4月20日，已经有二十三个交易日满足了回售条款，仅剩下七个交易日了，江南转债的回售一触即发。然而，2018年4月20日，江南水务发布公告，将江南转债的转股价格由9.30元/股下修至6.10元/股，回售重新计日，因此成功地避免了江南转债的回售。

在这里，我们主要注意有条件回售条款的如下几个方面。

（1）回售需要满足两个条件：第一是可转债进入最后两个计息年度；第二是可转债的正股股价需要低于回售触发价（一般是当期转股价的70%），并且维持若干个交易日。

（2）可转债在回售计数期间，如果正股发生了分红、送股等导致可转债转股价调整的情况，则在调整前的交易日按调整前的转股价格和收盘价格计算，在调整后的交易日按调整后的转股价格和收盘价格计算。简单来讲，当可转债处于回售期时，转股价调整不会让回售计数日重新计算。

（3）可转债在回售期内，如果出现转股价格向下修正的情况，则上述"连续三十个交易日"须从转股价格调整之后的第一个交易日起按修正后的转股价格重新计算。简单来讲，当可转债处于回售期时，下修转股价会让回售计数日重新计算。

（4）因为下修转股价是可以让回售计数日重新计算的，因此有些上市公司为了避免回售，往往会在回售条件即将满足时，宣布下修转股价，进而继续延迟回售。由于可转债下修转股价并没有次数限制，从而造成了一些上市公司利用下修和回售条款来避免回售的发生。

（5）回售是可转债持有人的权利，发债公司无条件接受投资者将持有的可转债回售给公司。如果在满足回售条件时，可转债在二级市场上的交易价格高于回售价，那么投资者也可以选择不行使回售权。

（6）当可转债在最后两个计息年度首次触发回售条款后，如果投资者没有行使回售权，那么该年内可转债第二次触发回售条款时，投资者不能再次行使回售权。

（7）可转债有条件回售条款的最后一条是：可转换公司债券持有人不能多次行使部分回售权。意思是投资者可以行使部分回售权，但是不能超过一次。例如，味美思持有100张××转债，当××转债在回售期内首次触发回售条款时，味美思可以选择将持有的50张××转债回售给发债公司。但是，当××转债在回售期内第二次触发回售条款时，味美思如果选择回售，则只能将剩余的50张××转债全部回售给上市公司。

（8）行使回售权的可转债持有人应在回售申报期内，通过上海证券交易所交易系统进行回售申报，方向为卖出，回售申报经确认后不能撤销。如果申报当日未能申报成功，则可于次日继续申报（限申报期内）。可转债回售的申报期可以在上市公司的公告中获取。

（9）可转债在回售期间将继续交易，但停止转股。在同一交易日内，若可转债持有人同时发出转债卖出指令和回售指令，那么系统将优先处理卖出指令（这一点与可转债卖出和转股指令类似）。在回售期内，如果回售导致可转债剩余规模少于3 000万元人民币，那么可转债仍将继续交易，待回售期结束后，公司将发布相关公告，在公告三个交易日后可转债将停止交易。

2. 附加回售条款

附加回售条款主要是指当可转债募集资金用途发生改变时，投资者有权行使一次回售。例如，亚泰转债（128066）的附加回售条款是：若公司本次发行的可转换公司债券募集资金投资项目的实施情况与公司在募集说明书中的承诺情况相比出现重大变化，根据中国证监会的相关规定被视作改变募集资金用途或被中国证监会认定为改变募集资金用途的，可转换公司债券持有人享有一次回售的权利。可转换公司债券持有人有权将其持有的可转换公司债券全部或部分按债券面值加上当期应计利息的价格回售给公司。持有人在附加回售条件满足后，可以在公司公告后的附加回售申报期内进行回售，在该次附加回售申报期内不实施回售的，不能再行使附加回售权。

亚泰转债的正股郑中设计（002811）在2021年12月29日召开股东大会，审议通过了终止"粤海中医药产业园项目"，并将该项目募集资金账户截至2021年11月30日节余募集资金6 326.20万元（包括银行存款利息）永久补充流动资金。因为终止"粤海中医药产业园项目"属于改变募集资金用途，所以触发了附加回售条款。当然，当时亚泰转债的二级市场交易价格远高于回售价，所以没有一个人选择回售亚泰转债。

在可转债牛市行情中，回售条款往往显得比较"鸡肋"；而在可转债熊市行情中，回售条款就显得非常重要了。

如果一只可转债在临近回售期时的价格低于100元/张，那么我们可以选择买入。当这只可转债进入回售期并满足回售条件后，如果可转债价格没有提升上来，那么我们可以直接将可转债回售给上市公司，进而完成套利。当然，上市公司一般会想尽办法提升可转债的转股价值，进而避免回售对公司造成的损失，那么此时可转债的交易价格一般会高于回售价，我们直接在二级市场上卖出，也是不错的选择。

3. 无回售条款

我们还需要特别说明的是，一些可转债没有回售条款，这类可转债一般集中在银行、券商类可转债中。

目前已上市的银行类可转债大多无回售条款，有回售条款的属于附加回售条款，如苏银转债。而银行类可转债基本上不会触发附加回售条款，即改变募集资金用途，因此基本上等同于无回售条款。

那么，为什么银行类可转债不设置回售条款呢？根据银行类可转债的募集说明书解释，银行类可转债募集的资金用途均为"按照监管要求补充核心一级资本"。我们知道，核心一级资本对于银行而言非常重要，核心一级资本越多，银行的运营就越安全，发展的速度也就越快。根据银保监会发布的《商业银行资本管理办法》规定，银行补充核心一级资本的方式一般有三种：第一种是每年的经营利润；第二种是股权融资，主要是增发和配股；第三种是发行可转债转股。

因此，银行发行可转债的最主要目的就是让可转债转股，进而补充银行的核心一级资本。而如果设置了有条件回售条款，再加上近几年银行股整体表现不佳，一旦银行类可转债在最后两个计息年度触发回售条款，投资者纷纷将持有的可转债回售给上市公司，那么银行就无法实现补充核心一级资本的初衷，可转债的发行也会显得非常失败。基于这些因素考虑，银行类可转债一般不设置回售条款。

除了银行类可转债，很多券商类可转债也没有设置回售条款，原因和银行类可转债相似。

例如，中银转债（113057）也只有附加回售条款，即当募集资金用途发生改变时才会触发回售条款。

然而，在可转债市场上总有一些特别的，既不属于银行股，也不属于券商股，却没有回售条款。它就是智能转债（128070），实际上无回售保护的智能转债发行时评级也很低，只有A+的信用评级。

前文我们提到，在可转债牛市行情中，回售条款可能会显得比较"鸡肋"，但这并不意味着可转债可以随意取消回售条款。因为在熊市行情中，回售条款相当于给予了投资者一层保障。

八、转股与回售如何操作

当可转债进入转股期后，投资者可以根据实际情况，选择将持有的可转债转换为对应的正股股票。当可转债满足回售条件后，投资者也可以根据实际情况，选择是否将可转债回售给上市公司。

需要提醒投资者的是，深市可转债的转股代码与可转债代码相同。而之前沪市可转债的转股代码与可转债代码不同，目前已经调整为相同，因此下文提到的转股代码可以理解为可转债代码。

这里就两大主流交易软件讲解一下可转债的转股与回售操作。

1. 同花顺手机端

首先进入交易页面，选择"卖出"，如下图所示。

然后输入股票代码和转股数量，如下图所示。

注意：沪市可转债在进行转股操作时，应该输入转股代码，而非可转债代码，如果不慎输入可转债代码，则进行的是卖出操作；深市可转债的转股代码与可转债代码相同。

同花顺手机端不支持深市可转债转股操作。

2. 同花顺PC端

登录交易页面，依次选择"其他交易"→"其他买卖"→"买卖方向"→"转股/回售"，如下图所示。

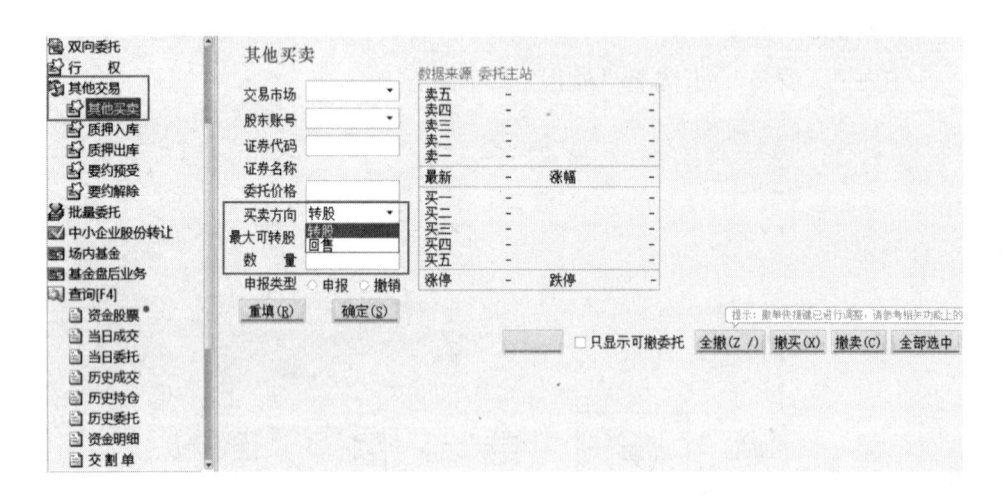

3. 东方财富手机端

首先在交易页面中选择"更多"，如下图所示

进入之后，找到"更多交易功能"。如果是转股，则选择"债转股"；如果是回售，则选择"债券回售"，如下图所示。

之后输入相应的债券代码和转股数量即可，如下图所示。

4. 东方财富PC端

在进入交易页面后，选择"转股回售"，然后根据实际情况选择"债转股"或者"债券回售"，如下图所示。

以转股为例，在选择"债转股"后，输入相应的债券代码和转股数量即可。

提示：

（1）买卖申报优先于转股申报，在申报转股后，可转债未被冻结，可以随时卖出。

（2）申报的转股数量可以超过可转债持仓数量，在收盘转股交割时按照实际可转债持仓数量进行转股处理。

一些可转债在尾盘容易出现较高的折价，这时候我们迅速买入，往往来不及申报转股，因此可以提前多申报转股数量。

九、期　　限

可转债作为一种特殊的债券，在本质上是有存续期限的。根据《上市公司证券发行管理办法》的规定，可转换公司债券的存续期限最短为1年，最长为6

年。目前可转债的存续期限一般是6年,一些已经退市的可转债也有存续期限是5年的。

可转债在发行公告中一般会规定存续期限,如中特转债(127056)的存续期限为自发行之日起6年,即2022年2月25日至2028年2月24日(如遇法定节假日或休息日延至其后的第一个工作日;顺延期间付息款项不另计息)。

十、计　　息

可转债作为一种债券,在每个计息年度是有相应的利息的,可转债的年利率一般是逐年递增的。例如,盘龙转债(127057)的年利率具体是:第一年为0.40%,第二年为0.70%,第三年为1.20%,第四年为1.80%,第五年为2.40%,第六年为3.00%。

关于可转债的付息,我们需要注意以下几点。

(1)可转债每年付息一次,计息起始日为可转债发行首日。

(2)可转债每年的付息日为自可转债发行首日起每满一年的当日。如该日为法定节假日或休息日,则顺延至下一个工作日,顺延期间不另付息。每相邻的两个付息日之间为一个计息年度。

(3)可转债每年的付息债权登记日为每年付息日的前一个交易日,公司将在每年付息日之后的五个交易日内支付当年利息。在付息债权登记日前(包括付息债权登记日)申请转换成公司股票的可转换公司债券,公司不再向其持有人支付本计息年度及以后计息年度的利息。

(4)可转换公司债券持有人所获得利息收入的应付税项由持有人承担,可转债的利息一般按照20%的比例纳税。

(5)可转债最后一年的利息是包含在可转债到期赎回价中的。因此,在上述盘龙转债中,如果投资者以100元/张的价格申购盘龙转债,假设盘龙转债到期赎回,则每张盘龙转债可以获得的税前利息为100×0.40%+100×0.70%+100×

1.20%+100×1.80%+100×2.40%+15=21.50（元）。

由于可转债每年都会支付相应的利息，所以我们在计算可转债的到期税前年化收益率时，要考虑到可转债每年的利息。可转债的到期税前年化收益率的计算方法如下：

2022年3月11日，正丹转债（123106）的收盘价格为114.212元/张，到期赎回价为120元/张（包含最后一个计息年度的利息），剩余年限为5.036年。

正丹转债各个计息年度的利率分别是：第一年为0.40%，第二年为0.60%，第三年为1.00%，第四年为1.50%，第五年为2.00%，第六年为2.50%。

各个年度的利息分别是：

第一年利息=100×0.40%=0.4（元）

第二年利息=100×0.60%=0.6（元）

第三年利息=100×1.00%=1.0（元）

第四年利息=100×1.50%=1.5（元）

第五年利息=100×2.00%=2.0（元）

第六年本息=120元

按照现金流折现模型，设到期税前收益率为x，则

$$\frac{0.4}{(1+x)^{(5.036-5)}}+\frac{0.6}{(1+x)^{(5.036-4)}}+\frac{1.0}{(1+x)^{(5.036-3)}}+\frac{1.5}{(1+x)^{(5.036-2)}}+\frac{2.0}{(1+x)^{(5.036-1)}}+\frac{120}{(1+x)^{(5.036-0)}}=114.212$$

解得$x \approx 1.93\%$。

可转债的到期税前年化收益率为正值，意味着在当前价位买入可转债，即使最后发债公司按照赎回价赎回，投资者也不会亏损。可转债的到期税前年化收益率越高，安全性也就越高。一般而言，到期税前年化收益率高的可转债转股溢价率也很高，这样的可转债防守性足够，但是缺乏强大的进攻性。当然，很少

有可转债能够做到攻守兼备。

可转债的年利率要远远低于银行贷款利率，因此上市公司特别喜欢通过发行可转债来募集资金。如果在可转债的存续期内，发债公司业绩提升，股价上涨，则可转债能够实现转股强赎，上市公司补充了资本金，投资者也获得了不错的收益，是双赢的结果。即使可转债最后没有以强赎退市，上市公司相当于以极低的利息融到了一大笔资金，所以到期赎回对于上市公司来说也没有什么损失，但这是可转债投资者不愿意看到的。

十一、规　　模

可转债的规模主要指可转债的发行规模和剩余规模。其中，发行规模又可以拆解为可交易规模+限售规模。

1. 发行规模

可转债的发行规模是上市公司计划募集资金的规模，一般而言，可转债的发行规模越小，网上打新的中签率也就越小。可转债的发行规模可以在可转债的发行公告中查询。

这里我们需要补充说明的是，可转债的发行规模不等于上市公司实际募集资金规模，因为要考虑到可转债的发行费用。例如，聚合转债（111003）的发行费用高达805.40万元，实际上，上市公司实际募集的资金规模为1.959 46亿元。

在可转债上市之初，可交易规模和限售规模主要是基于可转债的短线交易规则划分的。

根据《中华人民共和国证券法》的相关规定，上市公司、股票在国务院批准的其他全国性证券交易场所交易的公司持有5%以上股份的股东、董事、监事、高级管理人员，将其持有的该公司的股票或者其他具有股权性质的证券在买入后6个月内卖出，或者在卖出后6个月内又买入，由此所得收益归该公司所有，公司董事会应当收回其所得收益。

这则规定可以引申出关于可转债短线交易的问题。简单来讲，持有发债公司5%以上股份的原股东，在中国证券登记结算有限责任公司完成初始登记后的6个月内不允许卖出配售的可转债。

关于可转债的短线交易，在2022年还引出了一则有趣的新闻：牧原股份董事长秦英林在2022年2月17日通过大宗交易卖出500多万张牧原转债（127045），合计获利8000多万元。

对于短线交易，牧原股份董事长秦英林理解为：牧原转债发行首日、申购日、原股东优先配售缴款日、存续期起始日、计息起始日均为2021年8月16日，债券持有人自2021年8月16日已经取得可转债相关权利。自2021年8月16日起推算6个月，即2021年8月16日至2022年2月15日为短线交易禁止期间，因此在2022年2月16日（含当日）后卖出可转债不构成前述法规中所称的短线交易。

但是，问题就出在起始日的确定上。实际上，在短线交易中，持有期起始日是按照中国证券登记结算有限责任公司完成初始登记日来确定的，牧原转债于2021年8月25日在中国证券登记结算有限责任公司完成初始登记，因此，持有期起始日为2021年8月25日，而非秦英林认为的2021年8月16日。2022年2月17日处于原股东的限售期，秦英林卖出可转债的行为构成短线交易，8000多万元的获利全部上缴公司。

我们可以通过查找可转债上市公告中的相关数据，计算出可转债上市初期（上市半年内）的可交易规模和限售规模。

例如，聚合转债的发行规模为2.04亿元，在聚合转债的上市公告中我们查询到在聚合转债发行前聚合顺前十名股东的持股情况，其中温州永昌控股有限公司的持股比例为19.08%，温州市永昌贸易有限公司的持股比例为14.04%，二者的持股比例均超过5%，如下图所示。

(二) 本次发行前公司前十名股东持股情况

截至2021年12月31日，公司前十名股东持股情况如下：

序号	股东名称	持股数量	占总股本比例（%）	股本性质
1	温州永昌控股有限公司	60 216 050	19.08	限售流通 A 股
2	温州市永昌贸易有限公司	44 300 838	14.04	限售流通 A 股
3	傅昌宝	15 000 000	4.75	限售流通 A 股
4	中国工商银行股份有限公司 - 交银施罗德趋势优先混合型证券投资基金	14 925 541	4.73	非限售流通 A 股
5	UBSAG	5 552 995	1.76	非限售流通 A 股
6	中兵慧明投资基金管理（珠海）有限公司 - 宁波慧明十方道合投资中心（有限合伙）	4 744 218	1.50	非限售流通 A 股
7	中国建设银行股份有限公司 - 宝盈新兴产业灵活配置混合型证券投资基金	4 473 000	1.42	非限售流通 A 股
8	中国工商银行股份有限公司 - 宝盈优势产业灵活配置混合型证券投资基金	4 264 092	1.35	非限售流通 A 股
9	张兵	4 000 000	1.27	非限售流通 A 股
10	金建玲	3 900 000	1.24	限售流通 A 股

之后我们查询到聚合转债前十名持有人名称及其持有数量，从这里可以看出：温州永昌控股有限公司持有389 000张可转债，合计金额为0.389亿元；温州市永昌贸易有限公司持有286 180张可转债，合计金额为0.286 18亿元，如下图所示。

8、前十名可转换公司债券持有人名称及其持有数量

序号	证券账户名称	持有数量（张）	占总发行量比例（%）
1	温州永昌控股有限公司	389 000	19.07
2	温州市永昌贸易有限公司	286 180	14.03
3	傅昌宝	96 900	4.75
4	中国工商银行股份有限公司 - 交银施罗德趋势优先混合型证券投资基金	96 420	4.73
5	中兵慧明投资基金管理（珠海）有限公司 - 珠海慧明十方道合投资中心（有限合伙）	30 650	1.50
6	招商银行股份有限公司 - 交银施罗德启诚混合型证券投资基金	27 700	1.36
7	金建玲	25 190	1.23
8	姚忠升	21 830	1.07
9	广发乾和投资有限公司	20 430	1.00
10	中国工商银行股份有限公司 - 东方红启盛三年持有期混合型证券投资基金	20 390	1.00
合计		1 014 690	49.74

那么，利用公式"可交易规模=发行规模-限售规模"，即2.04-0.389-0.286 18=1.364 82（亿元），得出聚合转债上市初期实际可交易规模为1.364 82亿元。

本身发行规模就小，上市初期可交易规模更是小到只有1.36亿元多，因此聚合转债被游资炒作。在2022年4月19日聚合转债上市第一天，尾盘的三分钟内交易价格一度被炒到300.000元/张，如下图所示。当日收盘聚合转债的转股溢价率高达182.58%。

对于新上市的可转债，实际可以交易的规模往往与发行规模存在很大差别。对于未中签的投资者，切忌盲目参与这类被游资炒作的小规模可转债，如聚合转债在上市第四日交易价格直线下跌到160元/张左右。而对于中签小规模可转债的投资者，有必要提前计算一下这些可转债上市初期实际可交易的规模，进而选择将中签的可转债卖一个好价钱。

另外，必须强调的是，随着可转债上市后时间的推移，原股东的限售期逐渐结束，大量的抛压会对可转债产生不小的影响，之前受到游资炒作的小规模可转债也会回落到合理的价位。这就提醒我们：首先，不要参与游资炒作的高价格、高溢价小盘债；其次，当这些高价小盘债面临原股东解禁时，价格自然会从哪里来，回到哪里去。

2. 剩余规模

可转债的剩余规模也称可转债的未转股余额，可转债的剩余规模越小，越容易受到游资青睐。例如，佳力转债（113597）的剩余规模不到3亿元，正股佳力图受益于"东数西算"概念而在2022年2月21日涨停，当日佳力转债暴涨57.62%（见下图），而当时佳力转债的转股溢价率在100%以上，单单从转股溢价率角度来看没有强大的进攻性，暴涨只是游资疯狂炒作的结果。因此，我们在选债时，可以将剩余规模小作为选债的标准之一。

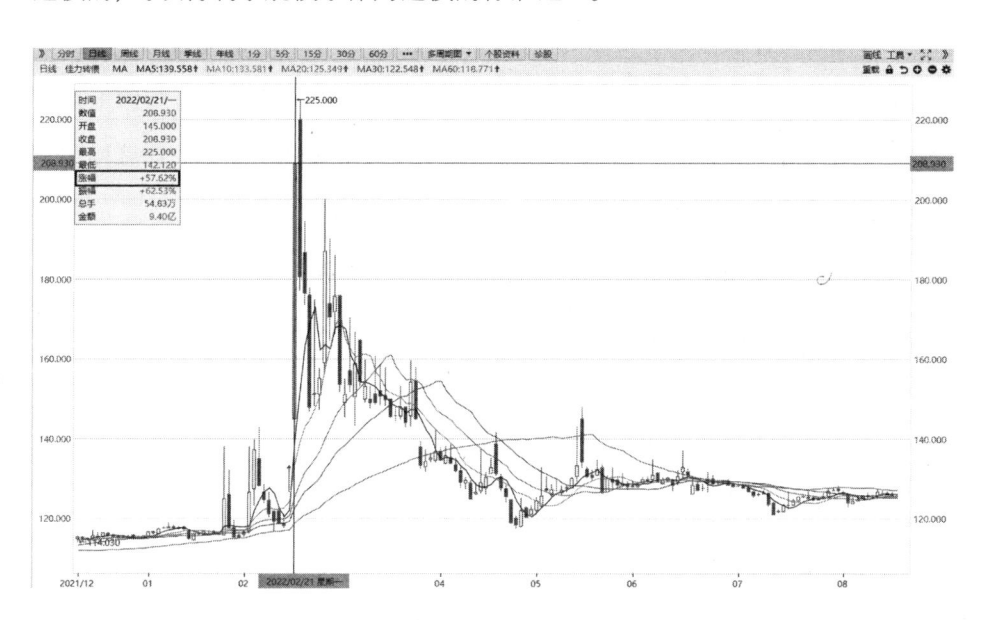

截至2022年4月26日，在可转债市场上剩余规模最小的可转债是横河转债（123013），剩余规模为3 797万元。由于剩余规模极小，所以横河转债容易被游资炒作，在高达400%左右的转股溢价率下，横河转债的交易价格竟然达到300元/张以上。

对于剩余规模小的可转债，我们可以选择在低位埋伏，然后静待游资拉升。但是需要警惕的是，在可转债的强赎条款中有规定，如果可转债的剩余规模低于3 000万元，那么上市公司可以选择提前赎回未转股的可转债。因此，我们尽量不要选择剩余规模非常接近3 000万元的可转债，以避免公司宣布强赎。

十二、纯债价值与期权价值

可转债本身是一种债券，投资者持有可转债可以获得每年的利息，因此可转债具有纯债价值；可转债有转股条款，当正股表现强势时，可转债的交易价格会水涨船高，因此可转债也具有期权价值。

1. 纯债价值

我们在计算可转债的纯债价值时，不考虑可转债在存续期内转股的可能性，只是把可转债当作一种特殊的债券来看待。

可转债的纯债价值等于未来债券利息现值+到期本金现值。可转债未来债券利息现值一般采用现金流折现模型计算。由于可转债的纯债价值计算模型非常复杂，已经超越了本书的讨论范围，在此不予以详细的解释。

可转债的纯债价值影响因素主要包括以下几个方面：

（1）可转债每年的利息；

（2）可转债的剩余年限；

（3）可转债的信用评级；

（4）相同条件的企业债收益率。

2. 期权价值

我们知道，正股股价的上升会带动可转债价格的提高，因此低价可转债本身是具有看涨期权的。

可转债的期权价值影响因素主要包括以下几个方面：

（1）可转债对应的正股股价上涨；

（2）可转债的转股价格下修；

（3）可转债的回售；

（4）可转债的到期赎回。

可转债的纯债价值和期权价值的具体计算过程非常复杂，投资者可以直接参考一些金融终端提供的数据。

在这里给出可转债的理论价值计算公式：

$$可转债的理论价值=纯债价值+期权价值$$

例如，截至2022年4月25日收盘，龙净转债（110068）的纯债价值为100.39元，期权价值为17.64元，则龙净转债的理论价值为100.39+17.64=118.03（元）。

需要注意的是，不同金融终端计算出的可转债纯债价值和期权价值会略有差异，如上述例子中的龙净转债，同花顺金融终端给出的纯债价值为100.39元，而Choice金融终端给出的纯债价值为98.0596元。

十三、可转债清偿

相比于之前讲述的强赎、回售等条款，可转债的清偿是一个容易被投资者忽视的条款。

根据《中华人民共和国公司法》第一百七十七条关于减资的规定，上市公司需要减少注册资本时，必须编制资产负债表及财产清单。公司应当自作出减少注册资本决议之日起十日内通知债权人，并于三十日内在报纸上公告。债权人自接到通知书之日起三十日内，未接到通知书的自公告之日起四十五日内，有权要求公司清偿债务或者提供相应的担保。

而在可转债的募集说明书中，上市公司减资、合并、分立、解散或者申请破产，是需要召开债券持有人会议的。

减资是股份公司减少注册资本额的行为，其主要目的在于一次性偿付债务、调整过多的资本、分派股利、公司合并、分离部门。上市公司的减资行为具体可分为实质性减资和名义性减资两类。实质性减资是在减少公司账面资本的同时，减少与此等额的公司资产，并将这些资产返还股东或划转他人。名义性减资只是减少账面资本数额，而公司财产并不相应减少，故不能向股东做任何返还，也无法向他人划转资产。

上市公司进行的股权激励行为也属于减资的范畴。在旧版的可转债募集说明书中，如果上市公司进行了股权激励，那么在股权激励完成后是需要召开债券持有人会议的。而在新版的可转债募集说明书中，因实施员工持股计划、股权激励或履行业绩承诺导致股份回购的减资，以及为维护公司价值及股东权益所必须回购股份导致的减资除外是不需要召开债券持有人会议的。

　　例如，在聚合转债的募集说明书中这样规定：公司发生减资（因股权激励回购股份及回购并注销部分限制性股票导致的减资除外）、合并、分立、被接管、歇业、解散或者申请破产时，需要召开债券持有人会议。

　　对于股权激励引发的减资是否召开债券持有人会议，花王股份（603007）还闹过一个笑话。花王股份在编制花王转债（113595）的募集说明书时，选择了旧版可转债募集说明书作为模板。因此，当花王股份在2021年年底回购注销未解锁的股权激励股份后，需要召开债券持有人会议。而当时会议的内容有两项，分别是《关于不要求花王生态工程股份有限公司提前清偿债务及提供额外担保的议案》和《关于修订〈花王生态工程股份有限公司公开发行可转换公司债券募集说明书〉部分条款的议案》。第一个议案实际上就是花王股份希望债权人不要求公司清偿花王转债；第二个议案表明花王股份要修改花王转债的募集说明书，即之后再次发生涉及股权激励导致的减资，不再召开债券持有人会议。

　　那么，可转债的清偿对于投资者而言有什么好处呢？如果上市公司发行的可转债在一段时间内一直低于面值，而此时上市公司恰巧发生了一些减资的行为，那么投资者完全可以在债券持有人会议上要求上市公司采用回售的方式清偿可转债，或者同意上市公司不提前清偿可转债，但是要下修转股价以提升可转债的转股价值。因此，在上述特殊情况下，投资者是可以依法与上市公司进行博弈的。

第三章

可转债交易规则

　　与股票有涨跌幅限制的交易规则不同，可转债是不设涨跌幅限制的，但是有临时停牌规则。可转债的交易规则比股票的交易规则复杂一些，了解可转债的交易规则，对于投资可转债而言至关重要。

可转债的交易规则主要受三个方面的影响，即可转债对应的市场、可转债是否在上市首日、可转债集合竞价和连续竞价阶段。了解可转债的交易规则对于投资者而言至关重要，例如，韦尔转债（113616）在上市首日创造了230.010元/张的最高价（见下图），但是在尾盘的三分钟内，很多中签者不知道如何卖出，挂的单子反复出现无效委托，因而错失了珍贵的机会。

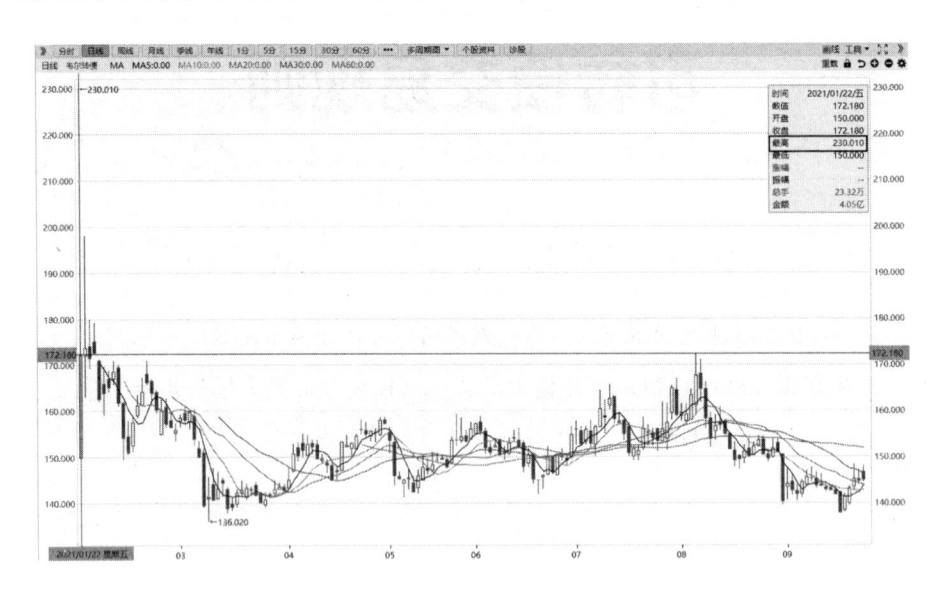

一、集合竞价交易规则

1. 开盘集合竞价

1）上市首日

沪市可转债集合竞价报价范围是70～150元/张。

深市可转债集合竞价报价范围是70～130元/张。

沪市超过报价范围的委托按照废单处理。

深市超过报价范围的委托会被保留，但是不在集合竞价阶段撮合，可以在连续竞价阶段成交，但要注意涨跌幅限制。

2）非上市日

沪市可转债集合竞价报价范围是前收盘价的70%～150%。

深市可转债集合竞价报价范围是前收盘价的上下10%。

沪市超过报价范围的委托按照废单处理。

深市超过报价范围的委托会被保留，但是不在集合竞价阶段撮合，可以在连续竞价阶段成交，但要注意涨跌幅限制。

2. 收盘集合竞价

沪市可转债无收盘集合竞价。

在上市首日及之后，深市可转债收盘集合竞价报价范围都是最近成交价的上下10%。

二、连续竞价交易规则

1. 沪市可转债

在沪市可转债连续竞价阶段，报价范围不高于即时揭示的最低卖出价格的110%，且不低于即时揭示的最高买入价格的90%；同时不高于上述最高申报价与最低申报价平均数的130%，且不低于该平均数的70%。

极端情况：如果没有买盘，则最高买入价格为"卖一价"和"最新成交价"中最低的；如果没有卖盘，则最低卖出价格为"买一价"和"最新成交价"中最高的；当日无交易的，以前一日收盘价作为最新成交价。

2. 深市可转债

在深市可转债连续竞价阶段，报价范围是最近成交价的上下10%。

三、停牌规则

1. 沪市可转债

沪市可转债的停牌规则主要有以下四点：

（1）交易价格较前收盘价涨跌幅度达到20%，停牌30分钟（临时停牌时间跨越14:57的，于当日14:57复牌）。

（2）交易价格较前收盘价涨跌幅度达到30%，停牌至14:57。

（3）停牌期间所有买卖委托均为废单。

（4）即使在14:56因为价格涨跌幅限制造成停牌，在14:57后依然能够交易，所以在14:57—15:00一定能够交易。

2. 深市可转债

深市可转债的停牌规则主要有以下四点：

（1）交易价格较前收盘价涨跌幅度达到20%，停牌30分钟。

（2）交易价格较前收盘价涨跌幅度达到30%，停牌至14:57。

（3）停牌期间可以委托买卖，也可以撤单，复牌时对已接受的申报实行复牌集合竞价。

（4）临时停牌时间跨越14:57的，于当日14:57复牌，并对已接受的申报进行复牌集合竞价，再进行收盘集合竞价。

总的来说，无论什么时间停牌，沪市可转债在14:57—15:00一定可以交易，深市可转债在14:57—15:00一定可以集合竞价交易。

四、挂单规则

可转债在什么时间段可以挂单委托，与股票交易有很多相似之处，但仍有一些细节是不同的。

9:15—9:20，沪、深两市可转债可以挂单，也可以撤单。

9:20—9:25，沪、深两市可转债可以挂单，但不能撤单。

9:30—11:30，沪、深两市可转债可以挂单，也可以撤单。

13:00—14:57，沪、深两市可转债可以挂单，也可以撤单。

14:57—15:00，沪市可转债可以挂单，也可以撤单；深市可转债可以挂单，但不可以撤单。

在盘中临时停牌期间，沪市可转债不可以挂单买入或卖出，不可以撤销卖单，但可以撤销买单；深市可转债可以挂单，也可以撤单。

特别地，在9:25—9:30期间挂单委托，交易所不会接收，但委托单会暂存在券商主机中，等到9:30送往交易所。但要注意，如果是沪市可转债，那么在开盘临时停牌后，上交所不会接收除了撤买的委托。

部分券商支持隔夜委托，因此，如果预估深市可转债在上市首日的价格能够超过130元/张，则可以隔夜在130元/张的价格委托买入，券商会在次日集合竞价开始时将委托报送深交所。

普通投资者与游资等大户相比，最大的劣势在于交易席位。即使你隔夜挂单，但是实际上交易所接收你的委托的时间可能要有所延迟。因此，对于盘龙转债这种上市首日抢筹的可转债，即使你选择隔夜挂单最高价，十有八九也无法在次日成交。

接下来我们用一些实例来具体说明一下沪、深两市可转债的交易规则。

韦尔转债（113616）是沪市可转债，韦尔转债在2021年1月22日上市，上市首日在集合竞价阶段价格达到150元/张，停牌至14:57，复牌后一度涨到最高价230.010元/张，收于172.180元/张。韦尔转债在上市首日的最后三分钟内，很多投资者出现了无效委托的情况，原因就出在沪市可转债连续竞价阶段的报价范围上。

韦尔转债在上市首日的转股价值高达143.43元，这就意味着可转债的价格大有可能突破150元/张，因此开盘集合竞价卖出韦尔转债是非常不划算的。而韦尔转债作为沪市可转债，在停牌期间所有买卖委托均为废单，因此只能等到14:57开始挂单卖出。而在沪市可转债连续竞价阶段，申报卖出价格不低于即时揭示的最高买入价格的90%，当韦尔转债复牌后，价格迅速冲高至200元/张以上，因此可能当你按照看见的价位报单时，韦尔转债的价格已经涨上去了，而你的报单低于买一价的90%，就会导致出现废单，如下图所示。

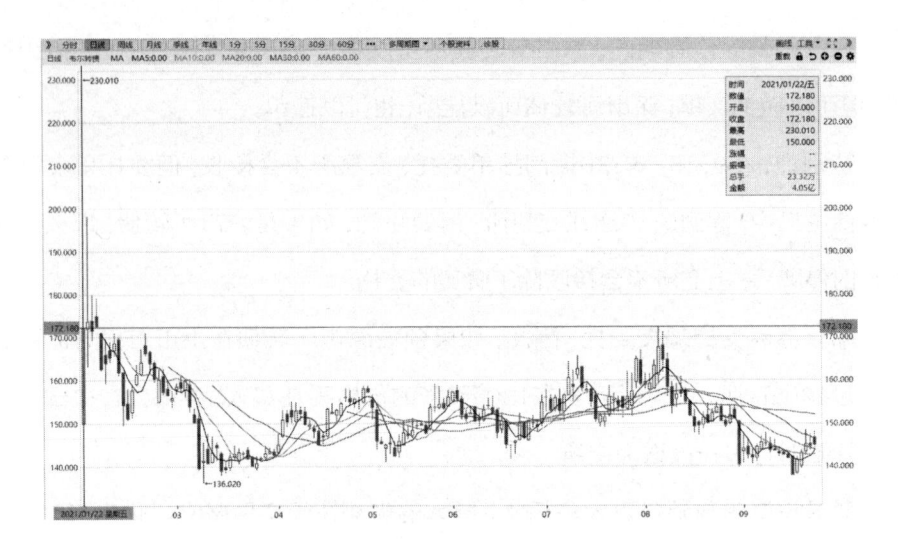

实际上，人工报单受手速等条件限制，对于价格快速拉升的可转债，很容易出现无效委托。可以选择设置智能条件单，如设置韦尔转债的卖单为：当价格高于170元/张，且回落1%时按照买一价卖出。

盘龙转债（127057）是深市可转债，正股是盘龙药业（00286）。盘龙药业在发债后受特效药利好影响，出现连续涨停，导致盘龙转债在上市之前的转股价值一度突破200元。盘龙转债上市首日，在集合竞价阶段价格达到130元/张，停牌至14:57，复牌集合竞价上涨10%达到143元/张，最后收盘集合竞价达到157.300元/张，如下图所示。由于深市可转债上市首日的涨跌幅存在限制，导致盘龙转债在上市首日的价格只涨到了157.300元/张，这个价格远低于盘龙转债的转股价值，因此在此后的交易日中盘龙转债继续大幅上涨。

关于盘龙转债，还有值得我们注意的是报单速度的问题。在盘龙转债上市前一日，很多投资者看到盘龙转债的转股价值高达200元以上，而作为深市可转债，盘龙转债上市首日的集合竞价报价上限为130元/张，如果能够在集合竞价阶段成功抢筹，那么之后倒手卖出岂不是大赚？但实际上隔夜挂单盘龙转债的普通投资者无一能够抢筹成功，原因就在于集合竞价开始的9:15，普通投资者的报单速度要慢于拥有交易席位的大户的报单速度。不过我们要知道的是，一个交易席位的年租金可能在百万元以上。这样想想的话，把那些难抢的筹码让给游资大户，也是理所应当的。

上面两个例子主要涉及可转债上市首日交易和停复牌规则，接下来我们举两个非上市首日可转债的例子。

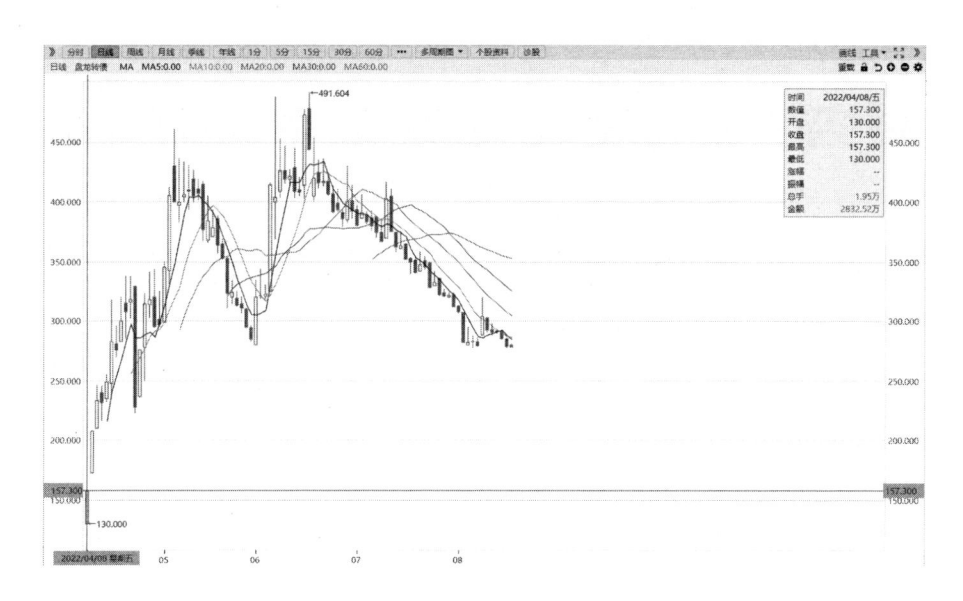

长久转债（113519）是沪市可转债，受特殊因素影响，正股长久物流在2022年3月3日涨停，长久转债开盘后迅速拉升，于11:24涨幅达到20%，触发停牌，停牌30分钟至13:24。复牌后瞬间拉升，涨幅达到30%，停牌至14:57，收盘价为136.420元/张，如下图所示。

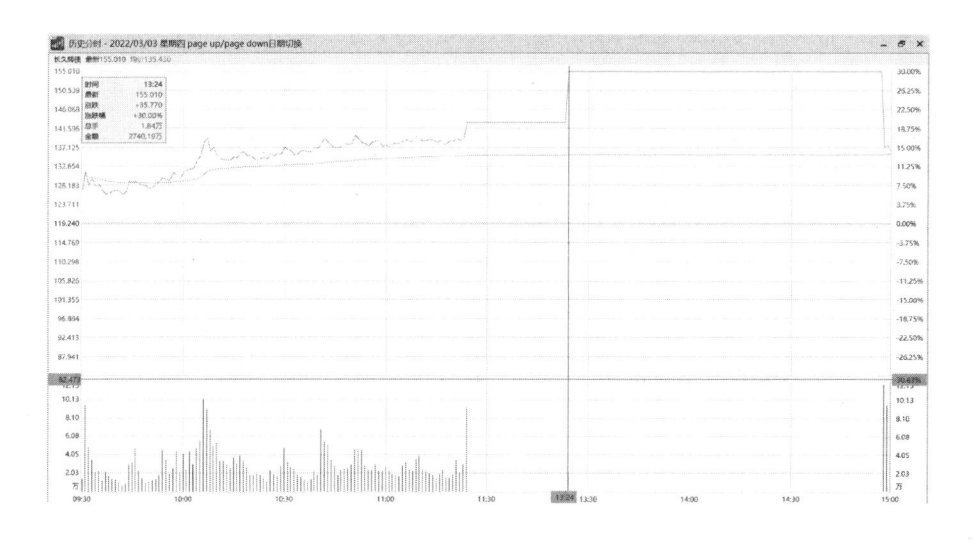

开润转债（123039）是深市可转债，正股开润股份（300577）在2022年4月22日开盘后迅速拉升，开润转债于10:54涨幅达到20%，停牌30分钟，11:24复牌后继续拉升，于13:15涨幅达到30%，停牌至14:57，收盘价为135.000元/张，如下图所示。

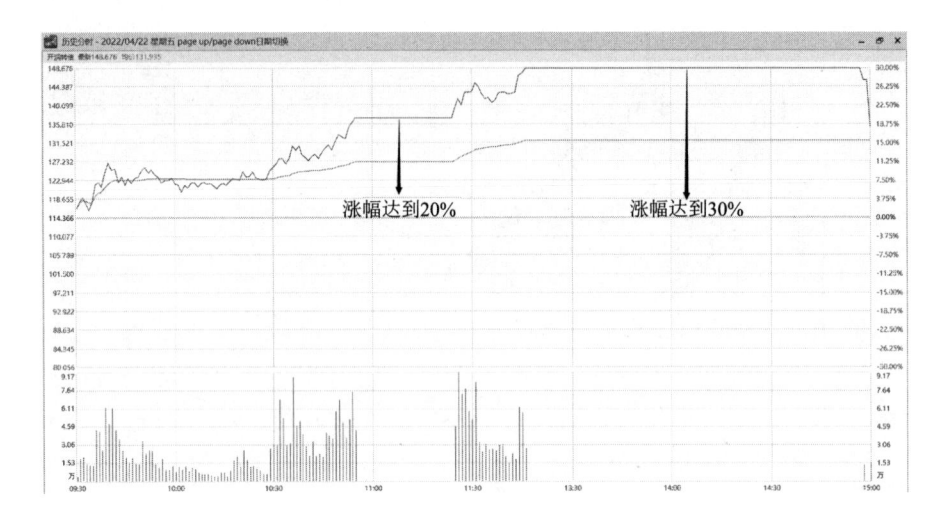

在可转债的连续竞价阶段，需要注意委托价格不能超过允许委托的范围。

之前我们提到可转债是有盘中停牌限制的，而很多可转债在停牌后容易迅速跳水，为了保证可转债在停牌前能够顺利卖出，需要掌握一定的小技巧。

例如，ST花王（603007）于2022年4月28日发布公告称：北京华夏环宇航空服务有限公司向江苏省丹阳市人民法院申请对花王集团进行破产重整。对于ST股，重整预期一般是利好，受此影响，花王转债（113595）在2022年4月29日开盘即上涨20%，并触发停牌。在复牌后，味美思预期花王转债能够冲击30%的涨停，因此打算卖出手中的花王转债。

花王转债（113595）在前一个交易日的收盘价为95.470元/张，30%的涨幅对应价格为124.111元/张。由于花王转债是沪市可转债，小数点后保留三位有效数字，因此，花王转债价格一旦达到124.11元/张时将触发停牌，并停牌至14:57。

在这里需要注意的是，只要花王转债在124.11元/张的位置成交一笔，即触发停牌。如果我们选择在124.11元/张的位置挂单，则很可能因为时间顺序和委托数量过多而来不及成交。因此,味美思选择在124.10元/张的位置挂单,委托价比临停价低0.1元,有效地避免了可转债卖出委托来不及全部成交就触发停牌的问题。

实际上,通过level-2的逐笔成交功能,我们可以看到,在14:12:40,花王转债在临停价124.11元/张的位置上仅仅成交了1手,如下图所示。如果你在124.11元/张的位置上委托了多手花王转债的卖单,则很可能无法全部卖出。一旦可转债尾盘复牌后跳水回落,可能你在心理上难以承受。

时间	成交价	成交量
14:12:40	124.11↑	1
14:12:40	124.10	16
14:12:40	124.10	82
14:12:40	124.10	8
14:12:40	124.10	29
14:12:40	124.10	30
14:12:40	124.10	12

在花王转债的例子中,还有一些投资者在集合竞价结束后看到花王转债涨幅巨大,选择在9:25—9:30低价挂单卖出,却出现了废单的情况,如下图所示。

卖出 09:27:55	花王转债 113595	120.000 2|0	废单
卖出 09:27:39	花王转债 113595	117.000 4|0	废单
卖出 09:27:29	花王转债 113595	115.000 2|0	废单
卖出 09:27:19	花王转债 113595	110.000 2|0	废单

在这里我们来解释一下出现这种情况的原因，当日花王转债的开盘价为109.000元/张，开盘后迅速拉升至114.560元/张停牌。9:25—9:30的买卖委托交易所并不接收，只是券商将委托暂存系统主机，等到9:30报送至交易所，但是普通投资者没有交易席位，9:25—9:30的买卖委托并不会在开盘后第一时间被交易所接收。而花王转债开盘后迅速触发临时停牌，110.000元/张的卖出委托还没来得及被交易所接收。上交所在可转债临时停牌期间不接收委托，因此花王转债110.000元/张的卖出委托被显示为废单。其他三笔卖出委托则是因为超出报价范围从而成为废单。

实际上，因为没有交易席位，委托报单速度慢导致无法成交的例子还有很多。之前我们提到的盘龙转债，同样选择隔夜挂单，但是绝大多数普通投资者都难以在盘龙转债上市首日买进，原因就在于普通投资者没有交易席位的报单速度优势。2022年3月22日，文科转债（128127）开盘后大涨，但截至中午收盘，文科转债并没有触及20%涨幅的临时停牌，有投资者选择在12:00左右挂单128.800元/张。文科转债当日20%的临时停牌价格为128.999元/张，虽然128.800元/张的委托价低于临时停牌价，但是由于非连续竞价阶段的报单只能在午后开盘后报送至交易所，而且下午开盘后文科转债迅速拉升至停牌，普通投资者又没有交易席位的报单优势，导致报单速度慢了一点点，因此128.800元/张的卖出委托也没有成交。

第四章

可转债打新

可转债打新自2017年9月变更为信用申购后，逐渐成为一种低风险、高收益的投资策略。目前可转债的信用申购不需要提前冻结资金，并且没有开通创业板和科创板权限的投资者也可以申购创业板和科创板新债（在2020年7月22日之前是不允许的）。基于上述两点原因，可转债打新吸引了越来越多的投资者参与，目前可转债打新参与人数已经突破1 000万人。

当然，随着可转债打新参与人数的增加，可转债的中签率也随之下降不少。

一、如何打新

不同交易软件的可转债打新方式大同小异，在这里以东方财富App为例简单介绍一下可转债打新方法。

打开交易软件的交易界面，点击"新股新债"，如下图所示。

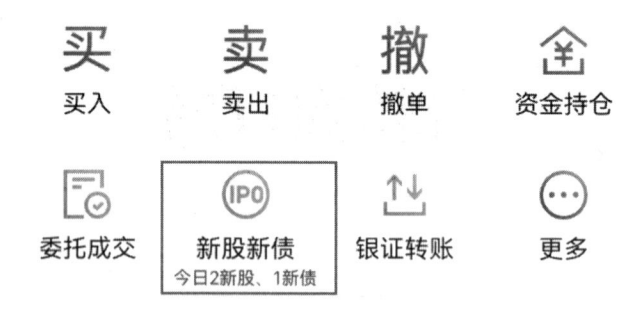

在进入新股新债页面后，点击"申购"即可，如下图所示。

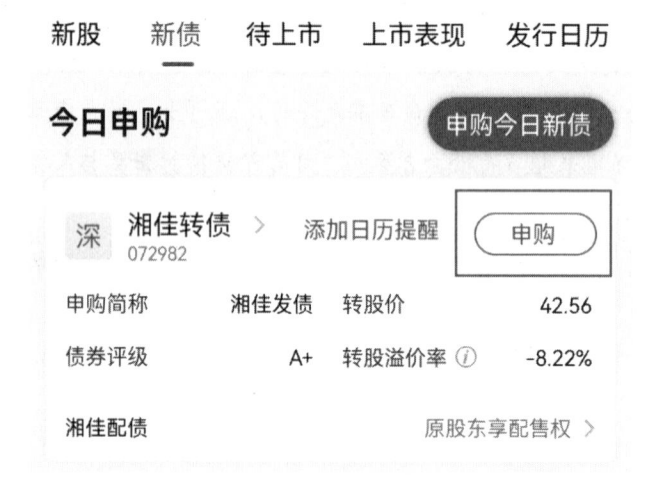

有的交易软件具有预约申购功能，投资者可以点击"一键预约申购"（见下图），届时系统会自动报送新债打新申请，从而避免了可转债申购日忘记申购的情况。当然，也有一些交易软件不具备"一键预约申购"功能，这就需要投资者在申购日手动申购了。

第四章 可转债打新

对于可转债打新,我们需要注意以下几点。

(1)可转债的网上申购和买卖交易需要开通沪、深两市的可转债权限。如果投资者在这之前没有证券账户,那么在账户开通首日无法开通可转债权限,在下一个交易日可以开通可转债权限,在开通可转债权限的当天即可申购新债。特别地,对于T日开通的沪A股东账户,T日股东账号尚未指定,券商系统一般会在T+1日自动指定,如果还显示"未指定",则可以联系券商人工处理。

(2)对于没有预约申购功能的券商,需要手动申购新债,申购新债的时间为可转债发行首日(T日)的9:15—11:30与13:00—15:00。

(3)目前可转债打新采用信用申购方式,投资者不需要配置股票市值就可以打新债,打新债也不需要冻结资金,只有在可转债中签结果出炉后,即确认中签时才需要缴纳相应的中签款。

(4)根据可转债发行公告中的相关规定,投资者参与可转债网上申购只能使用一个证券账户,同一投资者使用多个证券账户参与同一只可转债申购的,或者投资者使用同一证券账户多次参与同一只可转债申购的,以该投资者的第一笔申购为有效申购,其余申购均为无效申购。确认多个证券账户为同一投资者持有的原则为证券账户注册资料中的"账户持有人名称""有效身份证明文件号码"均相同。证券账户注册资料以T-1日日终为准。

这个规则简单来讲，就是一张身份证（一个自然人）拥有一次打新债机会，一个自然人有多个证券账户的，多次申购的以第一次新债申购委托为有效委托，其余委托按照废单处理。

（5）投资者可以使用信用账户参与可转债打新，但要注意信用账户与普通账户打新共有一次机会，无论使用何种账户，第一笔申购委托是有效的，第二笔申购委托是废单。

（6）可转债申购时间为可转债网上申购日的9:30—11:30和13:00—15:00，可转债一旦申购，不允许撤单。

（7）可转债中签后可以选择弃购，即不缴纳中签款项，其中沪市可转债弃购的最小单位为1手，深市可转债弃购的最小单位为1张，网上投资者放弃认购的部分由保荐机构（主承销商）包销。注意：有些券商是自动冻结新债中签款项的，如果弃购，则需要手动解除新债冻结款项。

（8）根据《证券发行与承销管理办法》第十三条的规定，网下和网上投资者申购新股、可转换公司债券、可交换公司债券获得配售后，应当按时足额缴付认购资金。当投资者连续12个月内累计出现三次中签但未足额缴款的情形时，自结算参与人最近一次申报其放弃认购的次日起6个月（按180个自然日计算，含次日）内不得参与新股、存托凭证、可转债、可交换债的申购。放弃认购情形以投资者为单位进行判断。放弃认购的次数按照投资者实际放弃认购的新股、存托凭证、可转债、可交换债累计计算；投资者持有多个证券账户的，其任何一个证券账户发生放弃认购情形的，放弃认购次数累计计算。不合格、注销证券账户所发生过的放弃认购情形也纳入统计次数。证券公司客户定向资产管理专用账户以及企业年金账户，证券账户注册资料中"账户持有人名称"相同且"有效身份证明文件号码"相同的，按不同投资者进行统计。

简单来讲，中签新股新债后弃购次数累计达到三次，之后半年内不得参与新股新债打新。注意：这里弃购次数是按照新股新债品种来计算的，如果投资者打新某只可转债中了三签，弃购其中的两签，则弃购次数按照一次来计算。此外，投资者拥有多个证券账户的，其名下任何一个证券账户发生放弃认购情形的，均纳入该投资者总的放弃认购次数。

（9）弃购次数按沪市和深市分开结算，互不影响。例如，味美思连续弃购三次沪市新债，但它依然可以申购深市新债。

（10）新股新债的缴款顺序按照"先股后债""先少后多""先大后小"的原则。先股后债是指同时中签新股和新债时，新股的缴款顺序优先于新债缴款顺序；先少后多是指中签同一品种时，中一签的缴款顺序优先于中两签的缴款顺序；先大后小是指中签同品种同数量时，申购代码大的缴款顺序优先于申购代码小的缴款顺序。

二、中签率测算

可转债的中签率计算公式为：

中签率=可转债发行总规模×(1-原股东认购比例)÷申购总金额×100%

我们知道，可转债的发行一般面向三类人群：原股东、网下投资者和网上投资者，那么可转债的中签率计算公式可以继续拆解为：

中签率=可转债发行总规模×(1-原股东认购比例)÷

(网上申购户数×网上单账户顶格申购金额+

网下申购户数×网下单账户顶格申购金额)×100%

如果可转债仅有网上申购时，那么可转债的中签率可以进一步简化为：

中签率=可转债发行总规模×(1-原股东认购比例)÷网上申购金额×100%

其中，网上申购金额=网上申购户数×网上单账户申购上限；网上单账户申购上限为100万元。

可转债的发行总规模和网上单账户申购上限是可以确定的，而原股东认购比例和网上申购户数则需要根据实际情况去估算。

对于原股东认购比例，我们可以在可转债的发行公告中找到蛛丝马迹。

例如，在东财转3（123111）的发行公告中有对于投资者重点关注问题的解答：本次发行前，公司实际控制人其实及其一致行动人沈友根、陆丽丽合计持有公司24.31%的A股股份，其实及其一致行动人沈友根、陆丽丽承诺出资不低于38.40亿元参与本次发行的优先配售，占其可参与优先配售金额的99.98%。

如果在可转债的发行公告中没有提及大股东配售承诺，那么我们也可以通过分析上市公司前十大股东持股比例进行估算。

一般来说，正股质地优良的可转债，前十大股东认购比例会比较高，如上述东财转3对应的正股东方财富是券商板块中的10倍大牛股，东财转债（123006）和东财转2（123041）在上市后都突破了200元/张的高价，因此东方财富（300059）的大股东认购可转债的比例一定非常高。

另外，需要特别注意的是，上市公司前十大股东里的沪股通和深股通、中国证券金融股份有限公司（证金）、中央汇金投资有限责任公司（汇金）等机构是不会参与认购新债的。而除去前十大股东的其他小股东，可转债总的认购比例一般不超过可认购数的1/3。

对于网下申购户数，我们可以留意一下可转债的发行公告中关于网下申购的部分。

由于可转债的网下发行流程比较烦琐，因此有些可转债在发行时干脆取消了网下申购。例如，在泰林转债（123135）的发行公告中只有原股东配售和网上申购方式，那么我们就可以排除网下申购规模，只需要估算网上申购户数即可。

网上申购户数可以根据近期发行的可转债中签率公告中披露的网上有效申购数量估算。可以这样做的原因在于：在一段时间内，可转债市场的活跃度一般不会有很大的变化，因此近期发行可转债的网上申购户数可以作为估算的依据。而当可转债市场热度上升，开户打新债的投资者大大增加时，我们就要适当高估一下网上申购户数。

至于为什么要估计可转债的中签率，我的理解是：在可转债市场处于低位时，申购新债的投资者少之又少，可转债的中签率会大大增加，单账户甚至可以中10签以上，而如果这些高中签率的可转债存在破发的可能，那么投资者要么面临可转债上市亏损问题，要么弃购中签的新债而造成违约。无论如何，这两种情况都是我们不希望看到的，但如果我们提前预估了可转债的中签率和破发可能，则可以选择少申购和放弃申购。因此，在可转债市场处于低位时，提前预估可转债的中签率是很有必要的。

实际上，对于普通投资者而言，受自身实力和时间的限制，没有必要具体测算可转债的中签率，但是可以根据已公布的中签率推算中签的最小户数。

我们每次顶格申购新债，系统会分配给你1 000个配号，对应顶格申购100万元，因此一个账户顶格申购中签率=中签率×1 000。例如，隆22转债（113053）网上发行的中签率为0.023 8%，那么单账户顶格申购中签率=0.023 8%×1 000=0.238。也就是说，一个账户中一签的概率是0.238。而中一签所需最低账户数=1÷单账户顶格申购中签率。它的意思是最少要有几个账户才能中一签，账户越多，中签概率越大。隆22转债的中一签所需最低账户数=1÷0.238=4.2，那么至少要有5个账户，才能保证中一签。

之前号称"人手一签"的兴业转债（113052）是怎么得名的呢？兴业转债的中签率是0.0986%，单账户顶格申购中签率=0.098 6%×1 000=0.986，这个数值接近于1，因此得名"人手一签"。

但是，对于兴业转债这类高中签率的新债，为什么有的人一签也没中呢？这就是概率问题，有的人实际中签数会高于理论中签数，因此有的人就会不中签。就像抛硬币，正反两面出现的概率均为50%，但可能存在抛10次全是正面的情况。

也有一些发行规模小的可转债中签率极低。如乐歌转债（123072），网上申购的中签率仅为0.000 2%，也就是说，需要500个账户才能保证中一签。

自2021年以来，可转债进入全面牛市，网上申购新债的人数越来越多，目前已经突破1 000万人，因此导致现在的新债中签率急剧下降，大多数新债一签难求。但是我们需要知道，即使中签率低，也要坚持打新，万一自己中了呢。

三、配号中签规则

很多人其实并不了解可转债是怎么中签的，它其实是一种摇号制度。下面具体介绍一下可转债的配号中签规则。

在申购新债后，系统会分配给你1 000个配号，以及一个起始配号，根据这个起始配号，可以推断出你的配号分布。如兴业转债（113052），我的起始配号是101078931291，一共给我分配了1000个配号，那么我的配号就分布在101078931291～101078932290。

新债是按照末位数情况来判断是否中签，以及中签张数。兴业转债的中签号段见下表。

末尾位数	中签号码
末四位数	0097, 1347, 2597, 3847, 5097, 6347, 7597, 8847, 8788
末五位数	08543, 21043, 33543, 46043, 58543, 71043, 83543, 96043
末六位数	875327, 695327, 495327, 295327, 095327
末七位数	8476500, 6476500, 4476500, 2476500, 0476500, 0865278, 5865278
末八位数	64691897
末九位数	477412457, 977412457, 038654762
末十位数	7680523579
末十一位数	01892109138

我的配号分布在101078931291～101078932290，其中存在末四位数为1347（101078931347）的配号，因此我中了一签。

同时根据末四位数中签号码，我们可以看出有些人能中两签，因为8788、8847这两个号码之间的差值不到1 000。股友A的起始配号为106018377972，他的配号末四位分布在7972～8971，在中签号段里刚好有8788、8847两个中签号，因此他中了两签。

那么，兴业转债中三签的是怎么回事呢？那就是末五位数也中签了。我们看股友B的配号：102991908543，他的配号末五位分布在08543～09542，首先囊括8788、8847两个中签号，之后起始配号又幸运地和末五位中签号08543重合，又中一签，共中了2+1=3（签）。

那么，兴业转债之所以好中签，根本原因是发行量大，直接原因是中签号多，末四位都有中签号，而其他可转债一般末五位才有中签号，这也解释了这些可转债不好中签的原因。

四、新债上市价格估算

可转债上市首日的价格估算是一门学问，能够较为准确地估算出新债上市首日的价格，既有助于我们将中签的新债卖个好价钱，又能帮助我们淘到一些被低估的宝贝。

新债上市首日的价格估算方法，可以参考以下几个方面进行。

1. 找同行业转股价值相近的

可转债的转股价值=100÷转股价×正股股价，在可转债上市前一天晚上，我们可以利用新债的转股价和正股的收盘价计算新债的转股价值，之后在与新债所处行业相同的已上市可转债中，找出转股价值相近的可转债，这些可转债的价格可以作为新债上市首日价格的参考。

在这里要强调的是，我们参考的依据是同行业内的可转债。在A股市场上，不同行业的估值千差万别，目前银行股破净严重，大多数银行股的市盈率不足10倍，因此对于银行类可转债的估值就不能太高。一些热门赛道股的热度非常高，人们甚至给予上百倍的估值，这些行业的可转债就要进行适当的估值溢价。

如果一些可转债的正股搞的是多元化经营，就需要分析一下发债公司的主营业务是什么，进而判断将这只新债与哪些行业的可转债进行对比。

当然，即使找出了同行业的已上市可转债，还面临着转股价值存在差异的问题。一般来说，转股价值低于70元的可转债，纯债属性比较强，交易价格的差异不是很明显；转股价值在70～100元的可转债，以转股价值差的0.15～0.35倍计算价格差；转股价值在100～130元的可转债，以转股价值差的0.35～0.5倍计算价格差；转股价值在130元以上的可转债，以转股价值差的0.5～0.8倍计算价格差。

不同行业的可转债，即使转股价值一模一样，交易价格也可能有天壤之别。例如，在2022年4月29日收盘后，山石转债（118007）和丝路转债（123138）的转股价值均为73.06元，而山石转债的收盘价仅为128.600元/张，丝路转债的收盘价却高达165.000元/张。主要原因就是丝路转债的正股丝路视觉（300556）属于元宇宙板块，而元宇宙概念在2022年异常火热。

2. 根据信用评级估算价格

不同信用评级的可转债价格差异巨大，银行券商类的可转债信用评级很高，但是这些可转债往往估值很低。一些低评级的可转债，机构出于风险控制的原因不能购买，而很多低评级可转债的正股属于高成长性的白马股。因此，对于一些评级相对较低，但是正股发展前景良好的可转债，要进行适度的高估。

3. 新债的可交易规模

关于新上市可转债能够交易的规模，本书将在后面章节详细讨论，在此不做详细解释。

一般来说，发行规模小，尤其是刚上市时能够交易的规模小的可转债，容易被资金炒作。对于这类可转债，我们要对其上市首日的价格进行估值溢价。

接下来我们举一些估算新债上市首日价格的例子。

成银转债（113055）的正股是成都银行（601838），成都银行是中西部地区综合实力最强的城市商业银行，因此在同类的城市商业银行可转债中要对成银转债进行适度的估值溢价。成银转债上市前一日为2022年4月1日，当时成都银行的收盘价为15.59元/股，成银转债的转股价为14.53元/股，成银转债的转股价值为100÷14.53×15.59≈107.30（元）。通过查找，发现无锡转债（110043）当时的转股价值为106.77元，与成银转债的转股价值非常接近，并且无锡转债的正股无锡银行（600908）也是发展不错的城市商业银行，因此我们将无锡转债的价格作为成银转债上市首日价格的参考。

无锡转债在2022年4月1日的收盘价为119.710元/张，结合成银转债与无锡转债的转股价值差和新债上市首日的溢价，估算成银转债上市首日的价格为122元/张左右。2022年4月6日，成银转债上市首日的开盘价为120.330元/张，释放部分新债抛压后收于121.730元/张，盘中最高价为122.280元/张，与估算的价格非常接近。

双箭转债（127054）的正股是双箭股份（002381），双箭股份隶属于橡胶板块，因此我们需要在橡胶板块已上市的可转债中寻找参考标的。双箭转债上市前一日为2022年3月14日，当日正股双箭股份的收盘价为7.02元/股，此时双箭转债的转股价格为7.91元/股，计算出双箭转债的转股价值为$100 \div 7.91 \times 7.02 \approx 88.75$（元）。

通过查找，发现三力转债（002224）当时的转股价值为88.77元，与双箭转债的转股价值非常接近，因此我们将三力转债的价格作为双箭转债上市首日价格的参考。三力转债在2022年3月14日的收盘价为116.294元/张，综合双箭转债与三力转债的转股价值差和当时的市场情绪，估算双箭转债上市首日的价格为114元/张左右。在这里解释一下为什么双箭转债当时的转股价值仅比三力转债的转股价值低0.02元，而价格差设置为2元以上。

原因是2022年3月14日上证指数下跌2.61%，市场情绪相对比较悲观，而且新债上市首日抛盘比较强大，因此给予了2元以上的价格差。2022年3月15日，上证指数大跌4.95%，收于3 063.97点，双箭转债上市首日开盘价为113.100元/张，收盘价同样为113.100元/张，盘中最高价为114.990元/张，与估算价格非常接近。同时，在这个案例中，我们也可以看出，市场情绪对新债上市首日价格的影响也比较大，我们有必要结合市场情况，对新债上市首日价格进行适当的溢价或者折价。

新债上市首日的价格估算是基于转股价值、信用评级、正股质地、市场行情等多种因素综合考虑的，是一种模糊的估计，而非精确的计算。虽然新债上市首日价格估算的结果可能并不精确，但只要差别不大，都对我们的新债卖出操作具有指导价值。

五、中签后何时卖出

投资者申购新债中签后,是选择在可转债上市首日就卖出,还是等可转债价格上涨到预期的一个价位再卖出,实际上是无法给出统一的结论的。

上市首日即卖出新债,资金的利用效率高,尤其是在可转债发行量大和中签率高的年份,如果选择持有可转债并等到合适的价位再卖出,则往往需要准备大量的资金。尤其是在可转债市场低迷的年度,全年申购全部新债,合计中签缴款可能高达十几万元。因此,如果投资者觉得自身资金不是很充裕,并且很难判断卖出时机,则可以选择最简单的操作方式——新债上市首日就卖出。

当然,上市首日即卖出新债也很有可能出现"卖飞"的情况。例如,中矿转债(128111)上市首日的开盘价为130.000元/张(见下图),当时卖出单签即可获利300元。然而,中矿转债之后最高上涨到了784.350元/张,如果有人能够持有到那时,则单签中矿转债将获利6 800元以上。但是,有几个人能够持有到中矿转债涨到700元/张以上呢?可能寥寥无几。基本上也没有人能够精准地预测中矿转债上市后的价格走势。另外,有些新债上市首日即历史最高价格,可能之后等了好几年,可转债也没能够突破上市首日的价格。

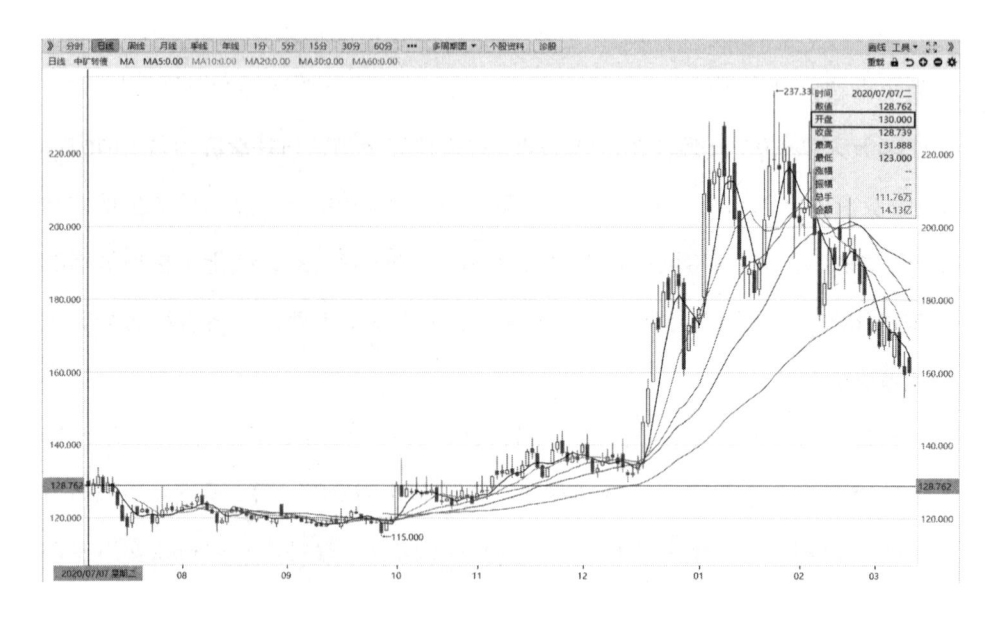

因此，对于普通投资者而言，既然无法预测可转债未来的表现，不妨在新债上市首日就卖出，以提高自己的资金利用效率。当然，如果投资者认为新债上市首日的价格没有达到自己满意的位置，也可以选择等待。

六、可转债打新收益

进入2021年后，可转债迎来了一轮全面的牛市，破发的新债屈指可数，因此可转债打新逐渐成为一种低风险、高收益的投资方式。那么，每年打新债的收益到底有多少呢？

可转债的信用申购是从2017年9月开始的，因此我们统计了自2018年以来，可转债网上打新每年的收益情况。

2018年上市的可转债共有77只，其中有32只可转债上市破发，破发比率达到41.56%。2018年单账户顶格申购所有可转债，理论上一共可以中235签，全年的打新收益约为-1 145元。2018年受特殊因素影响，整个市场表现非常低迷，上半年可转债市场的网上申购户数在50万~100万户，而到了年底，网上有效申购户数下降到几万户。由于申购户数较少，所以单只可转债的中签率非常高，如曙光转债（113517）、万顺转债（123012）、蓝盾转债（123015）、海澜转债（110045）、湖广转债（127007）等新债，单账户顶格申购可以中10签以上。

2019年上市的可转债共有106只，其中有13只可转债上市破发，破发比率达到12.26%。2019年单账户顶格申购所有可转债，理论上一共可以中123签，全年的打新收益约为5 865元。2019年可转债的中签率依然较高，如佳都转债（110050）、溢利转债（123018）单账户顶格申购可以中23签左右。2019年年初的市场表现较为疲软，申购可转债的只有10万户左右。伴随着2019年市场行情的回暖，到2019年年底，可转债申购户数已经接近120万户。

2020年上市的可转债共有204只，其中有3只可转债上市破发，破发比率达到1.47%。2020年单账户顶格申购所有可转债，理论上一共可以中20签，全年的打新收益约为3 796元。2020年单账户中签数量相比前两年大幅减少，主要原因是2020年市场行情非常不错，参与可转债打新的投资者迅速增多，从年初的140万户左右，发展到年底的800万户以上。

2021年上市的可转债共有121只，其中有5只可转债上市破发，破发比率达到4.13%。2021年单账户顶格申购所有可转债，理论上一共可以中10签，全年的打新收益约为1 541元。2021年是可转债大丰收的一年，当年中证转债指数（000832）上涨了18.48%，如下图所示。可转债市场的火爆吸引了越来越多的投资者，2021年参与可转债打新的投资者，从年初的800万户左右，逐步增长到年底的1 000万户以上。

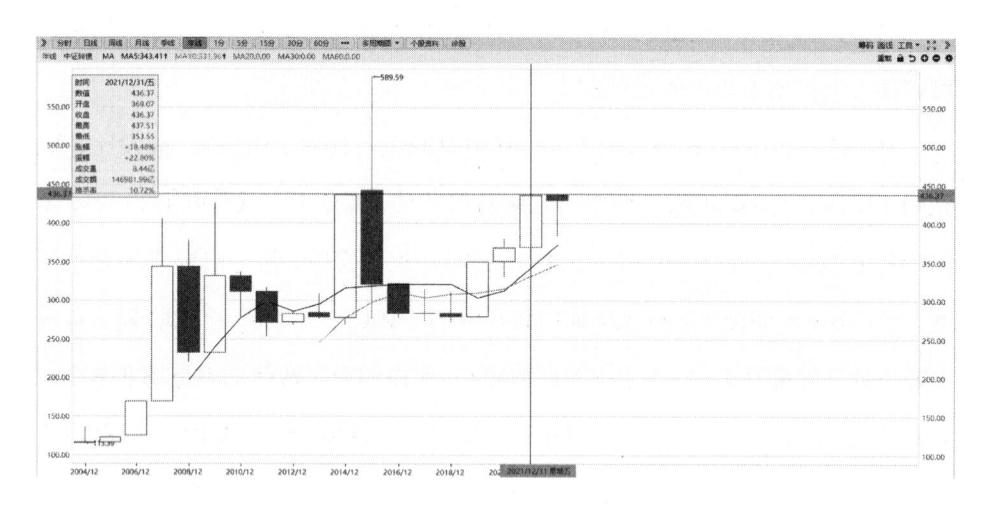

通过这些数据，我们可以发现，自可转债实行网上信用申购后，可转债市场发展得越来越好，新债破发率从最初的接近50%到目前低于5%。同时伴随着可转债市场热度的提升，参与可转债的投资者越来越多，导致网上申购可转债的中签率大大下降，一签难求的情况变得非常普遍，一些投资者甚至开始涉足抢权配售，以获得新债。

目前，可转债打新一般采取的都是"不用思考"打新策略，即不考虑正股质地，一律打新可转债。当然，市场有火热的时候，也必将会有冷清的时候，可转债打新策略也应该随着市场行情的变化而进行调整。尤其是当可转债出现大面积破发的时候，"不用思考"新债的策略就需要做出适当的转变。

第五章

可转债配售

我们知道，可转债转股后会相应地稀释正股的每股收益，为了弥补发新债对原始股东权益的侵蚀，可转债设计了配售条款，即赋予发债公司原始股东优先获配可转债的权利。然而，伴随着可转债打新人数的激增，可转债一签难求的情况愈发普遍，不少投资者开始将目光投向可转债配售，以获得抢权配售收益。

一、可转债配售

自可转债打新人数突破1 000万户后,中签率大大降低,新债一签难求的现象愈发明显。那么,有没有一种方法能够百分之百中签呢?还真有,那就是可转债的配售。

大多数人都知道股票有配股,实际上可转债也有配售。可转债的配售具体是指上市公司在发行可转债时,原始股东享有优先认购权,即按照一定的规则买下相应数量的可转债,在可转债发行的股权登记日持有正股股票的股东享有优先配售权。换句话说,在原始股东优先配售后,可转债发行量剩余的部分再对网下机构投资者和网上普通投资者发售。我们将这个过程称为"可转债配售"。

需要注意的是,与配售新股类似,可转债配售是原始股东的权利,而非义务,原始股东可以选择配售可转债,也可以放弃配售。

那么,为什么可转债要有配售流程呢?这要从可转债的转股特性上谈起。在可转债进入转股期后,投资者可以将持有的可转债转换成正股股票,尤其是当可转债出现负溢价时,会有大量可转债被转换成正股股票,债转股会对原始股东的权益产生一定程度的影响。

首先,可转债的转股会导致正股总股本扩大,在其他条件不变的情况下,正股的每股收益、每股净资产等被摊薄,相当于原始股东的权益遭稀释。其次,如果发债公司的原始股东没有配售权,那么当可转债进入转股期,投资者大量转股后,一些小股东持有公司股份的占比就会降低,进而影响到原始股东对公司的控制权。

基于上述因素影响,上市公司赋予了原始股东可转债优先配售权,以弥补股东权益被稀释的损失。当然,如果原始股东不看好公司表现,或者认为新债上市可能面临破发的风险,那么也可以选择放弃配售。

如果我们在可转债发行的股权登记日持有正股股票，就成了公司股东，顺理成章地享受到了可转债的优先配售权，也就实现了百分之百中签的梦想。

二、抢权配售流程

接下来我们主要针对原先不持有正股的投资者，如何在可转债发行时进行抢权配售进行分析。

首先我们要明确可转债的股权登记日，股权登记日可以在可转债的发行公告中查询。兴业转债（113052）的发行公告如下图所示。

4．原普通股股东可优先配售的兴业转债数量为其在股权登记日（2021年12月24日，T-1日）收市后持有的中国结算上海分公司登记在册的发行人股份数量按每股配售2.406元面值可转债的比例计算可配售可转债金额，再按1 000元/手的比例转换为手数，每1手（10张）为一个申购单位，即每股配售0.002 406手可转债。原普通股股东的优先认购通过上交所交易系统进行，配售简称为"兴业配债"，配售代码为"764166"。

原普通股股东可根据自身情况自行决定实际认购的可转债数量。

发行人现有普通股总股本20 774 190 751股，按本次发行优先配售比例计算，原普通股股东可优先配售的可转债上限总额为5 000万手。

这里的T日是指兴业转债网上申购日，即2021年12月27日。在这里可能有人要问明明是T-1日，为何之间相差了2天呢？主要原因是可转债的各项流程均需要在交易日内进行，而T-1日，即2021年12月24日是星期五，星期六和星期日不是交易日，因此T日递延到下周一，即2021年12月27日。

如果我们详细明确一下兴业转债发行的各个时间点，则可以得到如下时间表，其中网下投资者申购日与股权登记日是同一天。

股权登记日（T-1日）	2021年12月24日
网下申购日（T-1日）	2021年12月24日，接受网下投资者申购的日期
优先配售日、申购日（T日）	2021年12月27日，本次发行向原普通股股东优先配售、接受网上投资者申购的日期

在明确了可转债的发行日期后，如果我们在股权登记日前就已经持有发债公司的股票，那么我们需要检查持有的股票数量是否足够获配自己想要配债的份额，如果不够，则再买入相应数量的股票，并持有到股权登记日结束。

如果我们之前没有持有发债公司的股票，仅仅想在可转债发行时参与一下配售，就需要留意可转债的发行流程，并在股权登记日当天根据想要获配的可转债数量，买入相应数量的正股。需要注意的是，只有在股权登记日当天收盘后依然持有发债公司正股的，才享有可转债配售权；在股权登记日盘中持有正股，在收盘前卖出的，则无法享受可转债配售权。

那么，如何计算应该买入多少正股股数才能获配想要的可转债份额呢？在这里给出了配债数量计算公式。

沪市：可配售手数=股权登记日收市后持有股数×配售比例÷1 000

深市：可配售张数=股权登记日收市后持有股数×配售比例÷100

为什么沪市分母是1 000，而深市分母是100呢？原因是：沪市可转债配售单位最小是1手（10张可转债），深市可转债配售单位最小是1张（1张可转债）。也就是说，沪市可转债最少配债为1 000元面值，深市可转债最少配债为100元面值。

为了让大家更直观地明白正股股数与配债数的关系，将上述公式变形为：

正股股数=配售数量×面值÷配售比例

其中，配售数量为投资者想要配售的可转债总手数；面值为1手可转债面值——1 000元。

每股可配售金额=可转债发行规模÷A股总股本

例如，聚合转债（111003）的正股聚合顺（605116）仅在A股上市，总股本为31 554.70万股，聚合转债的发行规模为2.04亿元，20 400÷31 554.70≈0.646（元），因此每股聚合顺可配售0.646元面值的聚合转债。而中国银河（601881）同时在A股和H股上市，A股总股本为644 627.41万股，中银转债（113057）的发行规模为78.00亿元，780 000÷644 627.41≈1.210元，因此每股中国银河可配售1.210元面值的中银转债。

当然，配售比例是提前规定好的，我们可以在可转债的发行公告中获取，如下图所示。

4．原普通股股东可优先配售的兴业转债数量为其在股权登记日（2021年12月24日，T–1日）收市后持有的中国结算上海分公司登记在册的发行人股份数量按每股配售2.406元面值可转债的比例计算可配售可转债金额，再按1 000元/手的比例转换为手数，每1手（10张）为一个申购单位，即每股配售0.002 406手可转债。原普通股股东的优先认购通过上交所交易系统进行，配售简称为"兴业配债"，配售代码为"764166"。

例如，兴业转债（113052）的正股为兴业银行（601166），每股兴业银行可以配售2.406元面值的兴业转债，即配售比例为2.406。

如果要配售1手（10张）兴业转债，则需要1×1 000÷2.406≈415.63（四舍五入）股兴业银行。根据股票交易规则，只能整手整手地买兴业银行，所以至少要买500股兴业银行才能获配1手兴业转债。

三、精确算法问题

关于可转债的配售，我们需要注意的是精确算法问题。沪市可转债的精确是指原普通股股东在网上优先配售可转债时，可认购数量不足1手的部分按照精确算法原则取整，即先按照配售比例和每个账户股数计算出可认购数量的整数部分，对于计算出不足1手的部分（尾数保留三位小数），将所有账户按照尾数从大到小的顺序进位（尾数相同则随机排序），直至每个账户获得的可认购转债加总与原普通股股东可配售总量一致。

简单来讲，对于沪市可转债，精确算法的意思是：沪市可转债的最小配售单位为1手（1 000元），根据四舍五入的原则，只要配售额度超过500元就有配售

10张的排队权利。以兴业转债为例，配售1手兴业转债需要416股，而按照原则，持有208股兴业银行，对应500元面值的兴业转债，就可以享有配售1手的排队权利。一般来说，对于沪市可转债，利用好精确算法原则，采取配售0.6~0.7手可转债的方案买入对应正股，就可以实际获配1手可转债。

为什么说是排队权利呢？在沪市可转债发行公告中强调：直至每个账户获得的可认购转债加总与原普通股股东可配售总量一致。也就是说，可能在排队时，还没轮到你就已经配售完了。

对于深市可转债，精确算法的意思是：深市可转债最小配售单位为1张（100元），只要配售金额超过50元，根据四舍五入的原则，就有配售1张的权利。但是，深市可转债最小配售单位仅为1张（100元），因此对深市可转债而言，通过精确算法原则超额配售可转债的意义不大，收益甚至有可能无法覆盖成本。

当我们参与抢权配售后，一般在股权登记日当天晚上，在账户里就会多出一个新的配债号码。而在第二天新债申购日（T日），就可以参与配售，此时新代码显示为××配债，如兴业转债对应的配债是兴业配债（764166）。

在新债申购当天的交易时间，选择买入（或卖出，有的券商是卖出）该配债。注意：从严格意义上讲是卖出配债，当然，为了避免投资者操作失误，实际上选择买入或卖出的效果是一样的。

原普通股股东优先配售可转债的认购时间是可转债发行首日（T日）的9:15—11:30与13:00—15:00，逾期视为自动放弃优先配售权。在这里注意原普通股股东优先配售可转债的起始时间是早盘集合竞价开始时间，即9:15。

在配债确认缴费后，需要检查一下自己的账户资金是否已经冻结了该配债的款项，接下来等待可转债上市后卖出即可。

特别地，如果投资者有多个证券账户，并且在这些账户中都有发债公司的股票，那么在配售时，每个证券账户分别计算可配售数量，不进行合并。

四、配售盈亏平衡点

参与可转债的抢权配售,最理想的结果是股债双牛,即买入的正股和配售的新债都上涨。但是,现实往往是很残酷的,由于T-1日是新债股权登记日,参与抢权配售的投资者大多会在T日卖出正股,因此导致很多正股在可转债申购日(T日)出现大幅下跌,以致新债上市后的收益无法覆盖正股下跌的成本。那么,我们在参与可转债的抢权配售时,就很有必要明确可转债配售的盈亏平衡点。简单来讲,如果我们预测新债上市首日的涨幅能够达到30%,那么只要正股在新债申购日(T日)的跌幅低于每股可配售金额的30%,抢权配售就有利可图。

为了更好地说明盈亏平衡点的计算问题,我们举一个例子。兴业转债(113052)的正股为兴业银行(601166),在兴业转债的发行公告中可以看出,每股兴业银行可以配售2.406元面值的兴业转债,那么,假如我们配售1 000元的兴业转债,共需要持有1000÷2.406股兴业银行(暂不考虑整数股问题)。结合同类商业银行可转债的上市表现,预测兴业转债上市首日价格在110元/张左右,即可转债收益率为10%,收益金额为100元。假设兴业银行在可转债申购日(T日)的跌幅为x,那么盈亏平衡点可以按照下面的等式进行计算:

$$\left(\frac{1\ 000}{2.406}\right) \times 正股股价 \times 跌幅 x = 1\ 000 \times 10\%$$

等式可以化简为:

$$正股股价 \times 跌幅 x = 2.406 \times 10\% = 0.240\ 6(元)$$

兴业银行在兴业转债股权登记日(T-1日)的收盘价为19.07元/股,0.240 6元对应的跌幅大约为1.26%。也就是说,兴业银行在兴业转债申购日(T日)的跌幅如果超过1.26%,则抢权配售宣告失败。

在这里需要强调以下几点。

(1)盈亏平衡点的计算是基于新债申购日卖出正股而言的,如果投资者选择继续持有正股，则盈亏平衡点的计算没有意义。实际上，如果我们看好正股未来走势，期望实现股债双牛，则可以选择抢权配售后继续持有正股。如果我们对正股未来走势判断不清，仅仅希望配售可转债套利，那么在可转债网上申购日（T日）卖出正股是不错的选择。

（2）对于沪市可转债，利用好精确算法原则，能够提高抢权配售的成功率。如上述兴业转债（113052），按照精确算法原则，大约持有300股兴业银行（601166）即可获配1 000元的兴业转债，那么根据盈亏平衡点计算公式300×19.07×x=1 000×10%，可以得出兴业银行在可转债申购日（T日）的盈亏平衡跌幅为1.75%，这个跌幅要略高于我们之前计算的跌幅。而实际上兴业银行在可转债申购日（T日）的跌幅为1.22%（见下图），兴业转债上市首日价格达到110元/张左右，基本上兴业转债的抢权配售是成功的。

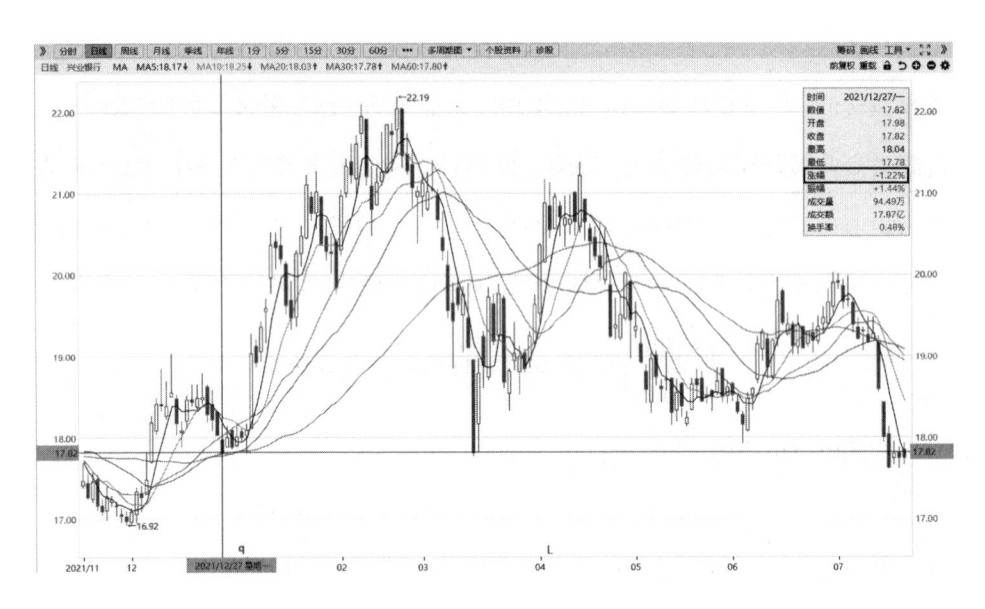

（3）综合来看，盈亏平衡点的计算需要考虑以下几个方面的因素：首先，大致预测出可转债上市后的价格；其次，根据精确算法原则估计出最少持有多少手正股可以获配1手可转债；最后，结合正股质地，考虑是否长期持有正股。

五、百元股票含权

百元股票含权的意思是100元市值的股票可以获配可转债金额的大小。我们可以按照以下公式计算百元股票含权：

百元股票含权=100÷正股股价×每股可配售金额

例如，兴业银行（601166）在2021年12月23日（T-2日）的收盘价为19.26元/股，100÷19.26×2.406≈12.49，则该日兴业银行的百元股票含权为12.49，也就是说100元市值的兴业银行可以配售12.49元的兴业转债（113052）。

百元股票含权越高，抢权资金利用效率越高，我们可以利用这个指标判断是否进行配售。也可以将百元股票含权公式拆解为：

百元股票含权=100÷正股股价×(可转债发行规模÷A股总股本)

通过上式不难看出，影响可转债百元股票含权的因素主要有三个，分别是正股股价、可转债发行规模和正股的A股总股本。因此，新发行可转债的规模越大，对应正股股价越低，正股的A股总股本越小，可转债的百元股票含权越高，抢权配售这类可转债的资金利用效率也就越高。

一般来说，百元股票含权越高，新债越值得抢权配售。为什么这样说呢？假设两只可转债上市首日价格相同，那么百元股票含权高的可转债，在持仓相同市值正股的前提下，获配可转债的数量就多，那么新债上市后获取的收益也就越多，能够应对正股下跌的安全边际也就越宽阔。因此，我们有必要通过分析计算可转债的百元股票含权来确定是否参与抢权配售。

六、可转债配售注意事项

对于可转债配售，我们需要注意的有以下几点。

（1）可转债配售是需要自己手动操作卖出配债并缴纳资金的，而不是你的账户里有钱，系统就会自动扣款的，这一点和申购新债缴费有很大区别。我们知道，申购新债缴费，只要账户里有足够资金，就会自动扣款，无须再进行手动操作。因此，投资者在可转债网上申购日一定要检查配债是否操作成功，配债资金是否已经冻结，避免出现因为遗忘而造成的巨大损失。

（2）投资者在参与新债配售后，在新债申购当日（T日），依然可以继续打新债，两者并不冲突。有些投资者以为在参与配债后不能再参与可转债网上打新，结果错失了一次机会。

（3）信用账户也可以参与新债配售，信用账户只要在新债的股权登记日收盘后持有正股股票，在网上申购日就可以参与新债配售。

（4）获配的新债在上市日的前一天晚上会出现在你的持仓里。

（5）在新债网上申购当日（T日）就可以卖出正股股票，因为配债已经完成，无须继续持有正股。但如果你看好该正股，则也可以继续持有获取更多利润再卖出。

（6）通过沪港通、深港通买入A股，不能参与可转债的优先配售。同样，通过沪港通、深港通的北向资金也不能进行可转债交易。

（7）如果一家上市公司同时发行了A股和B股股票，如本钢板材（000761）和本钢板B（200761），那么这样的上市公司发行的可转债，持有B股的股东没有A股可转债的优先配售权。例如，持有本钢板B（200761）的投资者无法参与配售本钢转债（127018）。

七、抢权配售的风险

抢权配售是一种高风险的可转债投资策略。一般来说，抢权配售存在如下几点风险。

1. 正股下跌风险

对于可转债的抢权配售，必须要注意的是可转债网上申购日（T日）正股下跌风险。简单来讲，在可转债申购当日（T日）会有大量的抢权股份卖出，在巨大的抛压下，在可转债申购日可转债正股股价往往大幅低开。

例如，前文提到的兴业转债（113052）网上申购日（T日）是2021年12月27日，该日兴业银行股价下跌1.22%，如下图所示。

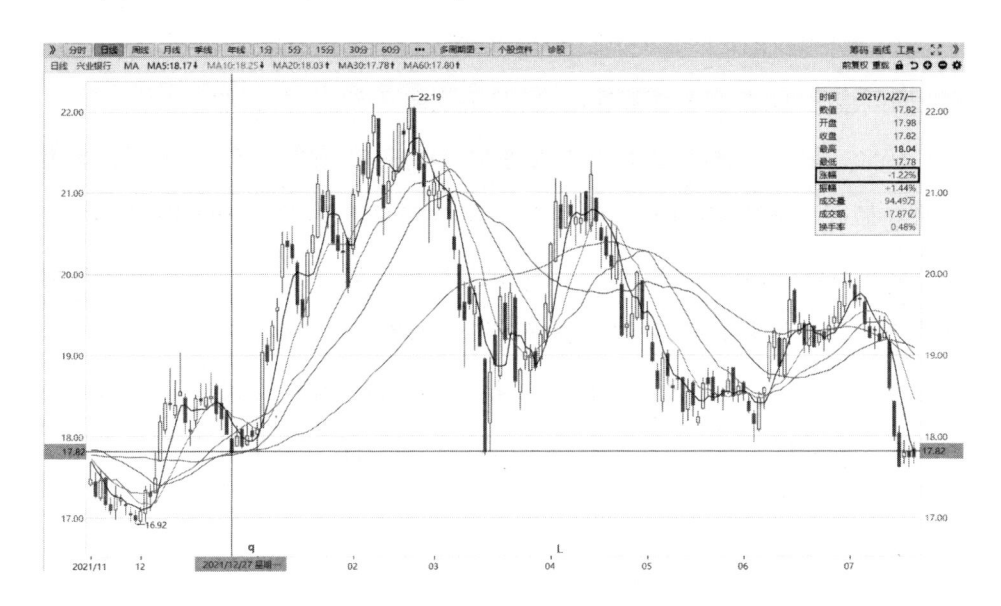

一些质地比较差的正股还可能在可转债申购日（T日）出现跌停的情况。一旦正股股价在可转债网上申购日出现大幅下跌，而获配的可转债上市后的收益无法弥补当时的亏损，就会对投资者造成很大的损失。

2. 可转债终止发行风险

抢权配售的核心是获取可转债上市带来的收益，而如果可转债发行失败，那么参与抢权配售的投资者，尤其是提前埋伏正股的投资者，可能存在被套的风险。

例如，2019年，看似板上钉钉的交行转债却在发行前夕终止了发行，提前埋伏正股交通银行（601328）的投资者大多被套。

3. 新债上市价格预估偏差风险

在参与抢权配售前，我们通常会预估新债上市后的价格，进而计算出盈亏平衡点，判断是否参与抢权配售。但是，从获配可转债到新债上市往往需要一定的时间，少则20多天，多则接近两个月，在此期间谁也不能保证正股会出现什么样的情况。正股在此期间大涨，收获股债双牛的表现是我们所期望的，但也要考虑到正股大幅下跌，可转债上市后价格远远低于预期价格的风险。

在上述抢权配售的三种风险中，可转债发行前的正股质地是可以提前考量的，而可转债终止发行和正股在新债申购后走弱是难以预料到的。

因此，我们在抢权配售时，一定要事先考察好正股的质地和近期走势，如果正股在最近一段时间里呈现出下跌趋势，则抢权配售很容易出现亏损。当然，我们也可以分析一下哪些上市公司近期可能发新债，选择自己看好的投资标的，提前在低位埋伏发债公司的正股，进而确保有足够的安全边际。

抢权配售可能存在两种极端的情况，即股债双杀和股债双牛。股债双杀是指在配售新债后，正股不断下跌，导致可转债上市后表现不及预期，甚至破发，从而对抢权配售的投资者造成很大的损失。

股债双牛的例子可以参考盘龙药业（002864）。盘龙药业在发债后受客观环境影响，正股连续涨停，盘龙转债（127057）的转股价值在上市之前就超过了200元，参与盘龙转债抢权配售的投资者获得了大丰收。

实际上，绝大多数投资者不具备提前判断发债公司未来走势的能力，因此抢权配售是一种风险极高的可转债投资方式，很多股民将其称为一门亏钱的收益。因此，对于普通投资者，尤其是刚刚接触可转债的投资者而言，最好不要参与抢权配售。

第六章

可转债的四个象限

在初中数学中大家接触过象限，实际上把可转债价格作为纵坐标、转股溢价率作为横坐标，可以将可转债划分为四个象限，即四种类型——高价、高溢价可转债，高价、低溢价可转债，低价、低溢价可转债和低价、高溢价可转债，如下图所示。

	可转债价格
高价、低溢价可转债	高价、高溢价可转债
低价、低溢价可转债	低价、高溢价可转债

横轴：转股溢价率

一、高价、高溢价可转债

高价、高溢价可转债的典型特征是"交易价格高，并且转股溢价率高"。从理论上来讲，转股溢价率高的可转债进攻性比较差，价格应该更偏向于纯债价值，但是有一些规模较小的可转债深受游资炒作，从而表现出脱离可转债基本属性的现象。

高价、高溢价的小规模可转债一般有两类。一类是剩余规模极小，时刻面临剩余规模不足3 000万元而被强赎的可转债，如横河转债（123013）。横河转债的转股价值仅为119元左右，而价格被炒到了500元/张以上，转股溢价率高达300%以上，横河转债的剩余规模仅为3 792万元，如下图所示。

另一类双高的小规模可转债具有次新债概念，简单来讲就是刚上市不久的小规模可转债，或者是大债主（持债5%以上的股东在可转债上市后半年内限售）尚未解禁的可转债。例如，泰林转债（123135）的发行规模只有2.10亿元，上市不久后即遭到爆炒，价格一度突破500元/张，而对应的转股溢价率高达300%以上，如下图所示。

高价、高溢价可转债的投资风险非常大，这类可转债由于规模小的特点，容易受到游资炒作，会出现暴涨暴跌的现象，普通投资者要尽可能远离这类可转债。

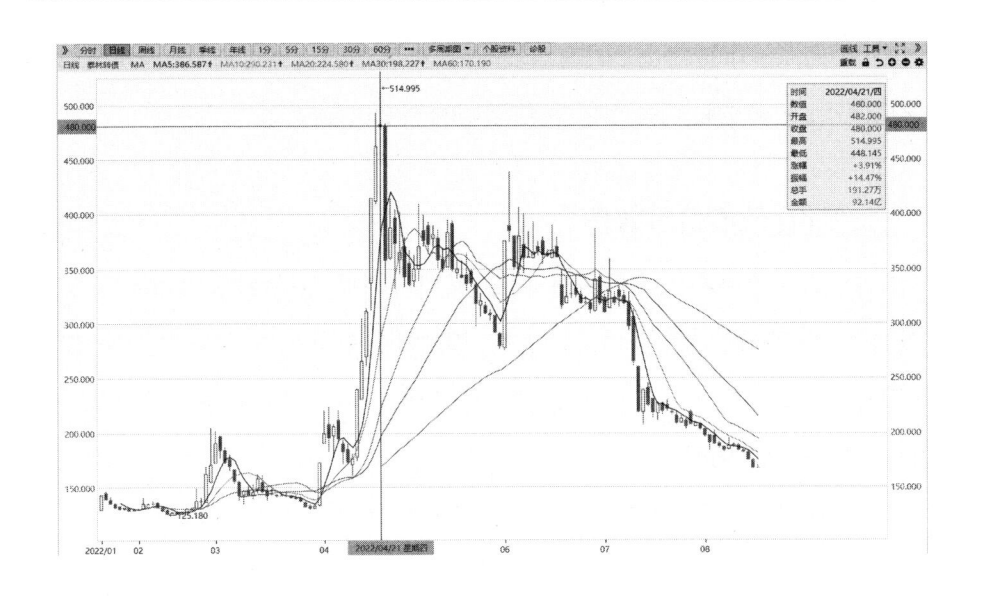

二、高价、低溢价可转债

高价、低溢价可转债的典型特征是"交易价格高，但是转股溢价率低"，这类可转债比较常见，主要原因是转股溢价率低，代表可转债的进攻性比较强，那么二级市场的交易价格高是理所当然的。例如，石英转债（113548）的正股石英股份（603688）在2021年走出了一轮牛股行情，石英转债的转股价值随正股股价的飞涨而不断提高，虽然2022年4月19日星期二石英转债的收盘价格高达391.600元/张，但实际上交易价格仍然低于转股价值，石英转债在收盘时出现了负溢价，如下图所示。

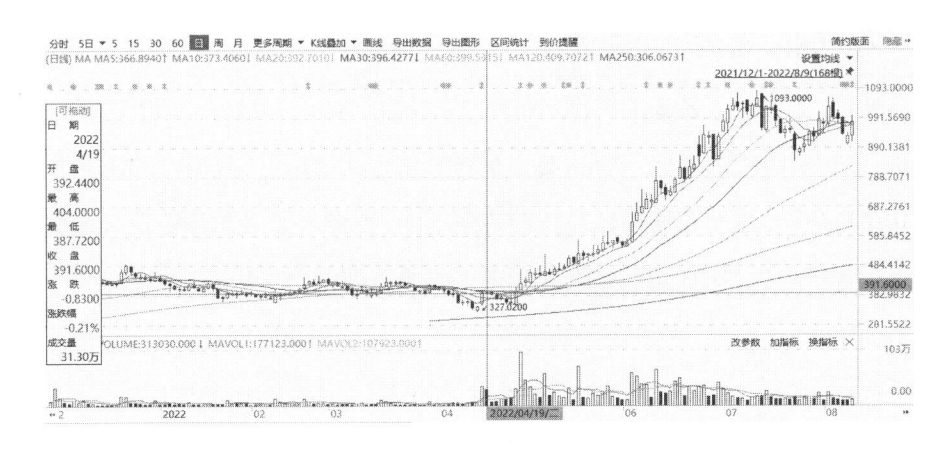

高价、低溢价可转债也是具有风险的，比如可转债价格过高，已经脱离纯债的保底属性，如果正股下跌，则可转债回调的幅度也会很大。

三、低价、低溢价可转债

低价、低溢价可转债的典型特征是"交易价格低，并且转股溢价率低"，我们知道可转债的转股溢价率低是进攻性强的表现，如果此时可转债的价格也很低，则相当于低价捡到一个宝贝，这样的可转债往往攻守兼备。在现实中低价、低溢价可转债很难出现。

当然，我们可以适当地放宽标准，将低溢价定义为转股溢价率相对低，如转股溢价率在30%左右的低价可转债。为什么选择30%呢？一般而言，希望买到转股溢价率非常低的低价可转债是很难的，我们只能退而求其次。可转债的转股溢价率为30%左右，往往已经具备了一定的进攻性，此时如果正股出现涨停，那么，即使可转债的价格不涨，转股溢价率也会迅速被抹杀，之后便会显出强大的进攻性。

我们不妨计算一下，在可转债不涨的前提下，如果正股出现一个涨停，根据转股溢价率的计算公式，则可转债的转股溢价率将降至18.18%；正股出现两个涨停，可转债的转股溢价率将收敛至7.44%；正股出现三个涨停，可转债的转股溢价率将变为负数，出现折价。也就是说，对于低价和转股溢价率相对低的可转债，只要正股赶上风口而大幅上涨，可转债会跟着不断上涨。

四、低价、高溢价可转债

低价、高溢价可转债的典型特征是"交易价格低，并且转股溢价率高"，与高价、低溢价可转债类似，低价、高溢价可转债也比较常见。高溢价的可转债往往转股价值低，这类可转债往往正股表现不佳，投资者如果选择转股则会承担巨大的溢价损失，因此二级市场往往赋予转股价值低、转股溢价率高的可转债低价的属性。

低价、高溢价可转债由于具有价格低廉的特点，有些高溢价可转债的交易价格甚至远低于回售价和到期赎回价,因此这类可转债的防守性比较好,交易价格突显出可转债的纯债价值。当然,高溢价的可转债意味着进攻性比价差,比较适合防守。例如,在2022年4月19日收盘后,亚药转债(128062)的转股溢价率高达200%以上,收盘价在100元/张左右,亚药转债是典型的低价、高溢价可转债,表现出不错的防守性,但进攻性较差,交易价格长期维持在100元/张上下,如下图所示。

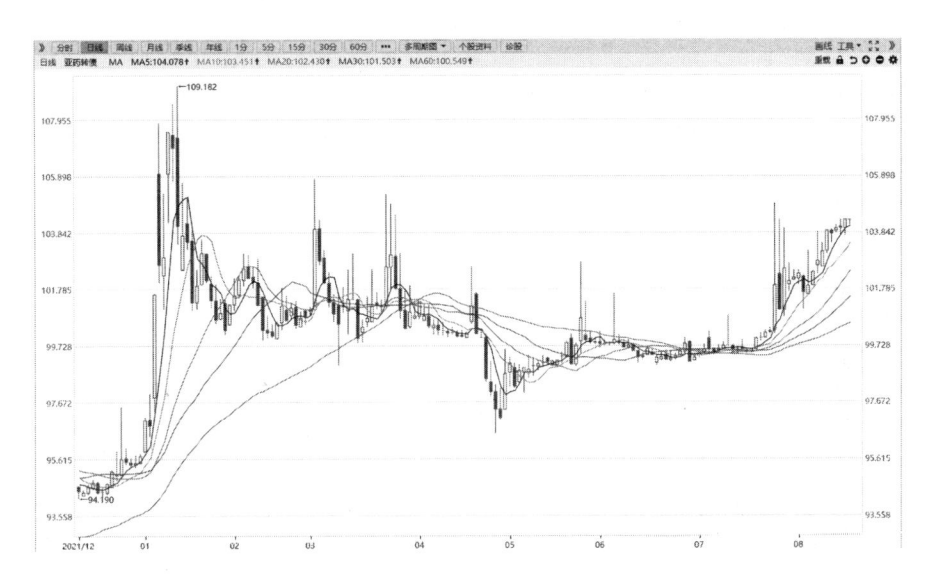

那么,低价、高溢价可转债是否具有投资价值呢?当然有。一种投资策略是像纯债型基金一样配置一些评级高、年利率高的可转债,一方面获得了相对不错的年利息,另一方面获得了一份免费的看涨期权,如果可转债在存续期内成功强赎,就可以取得非常不错的超额收益。如果我们去找一找低价、高溢价的高评级可转债的十大持有人,则会发现不少公募基金和私募基金位于十大持有人之列,实际上他们也看中了低价、高溢价可转债到期收益率高,附送看涨期权的特点。

一些银行类可转债就是典型的低价、高溢价和高评级可转债。银行类可转债由于下修转股价无法低于每股净资产,而目前很多银行股出现破净,导致一些银行类可转债无法下修转股价,出现转股溢价率很高的特点。但是,银行类可转债的评级比较高,基本上不用担心可转债到期违约的问题。同时,银行类可转债每年的票面利率相对较高，也比较适合长期配置。

例如，截至2022年4月19日，浦发转债（110059）的转股溢价率高达81.27%，收盘价只有105.620元/张，主体评级为ＡＡＡ级，是一只典型的低价、高溢价和高评级可转债。如果我们查找浦发转债的十大持有人，则可以发现有不少公募基金和机构持仓，如下图所示。那么，他们看重的就是浦发转债的高票息和看涨期权，因为浦发转债的年利率为第四年2.10%、第五年3.20%、第六年4.00%。如果浦发转债在存续期内强赎，则至少要上涨到130元/张以上，无疑是锦上添花。

2021-06-30			壹套圆形
	持有人名称	持有张数(张)	持有比例(%)
中国移动通信集团广东有限公司		90,853,230.00	18.17
上海国际集团有限公司		32,849,680.00	6.57
上海上国投资产管理有限公司		5,483,390.00	1.10
上海国鑫投资发展有限公司		5,000,000.00	1.00
全国社保基金二零六组合		4,218,160.00	0.84
招商银行股份有限公司-招商致远混合型证券投资基金		4,119,300.00	0.82
中国石油天然气集团公司企业年金计划-中国工商银行股份有限公司		3,414,130.00	0.68
中意人寿保险有限公司-传统产品		3,308,140.00	0.66
招商银行股份有限公司-安信稳健增利混合型证券投资基金		3,145,460.00	0.63
中国银行股份有限公司		2,681,860.00	0.54
合计		155,073,350.00	31.01

既然提到了银行类可转债的强赎，那么历史上的银行类可转债都是以什么命运结束自己的使命的呢？

目前已退市的银行类可转债有7只，分别是平银转债（正股为平安银行）、宁行转债（正股为宁波银行）、常熟转债（正股为常熟银行）、民生转债（正股为民生银行）、中行转债（正股为中国银行）、工行转债（正股为中国工商银行）、招行转债（正股为招商银行），见下表。

已 退 市	最低价（元/张）	最高价（元/张）
平银转债	112.512	130.900
宁行转债	100.800	138.520
常熟转债	94.520	151.880
民生转债	87.400	149.620
中行转债	89.300	194.160
工行转债	97.840	163.000
招行转债	98.650	178.000

这7只已退市的银行类可转债均以强赎结束了使命，在存续期内，最低交易价格是民生转债创造的87.400元/张，最高交易价格是中行转债创造的194.160元/张。

其中，颇富戏剧性的是中行转债，中行转债在上市后的第四年还在面值100元附近徘徊，然而伴随着2014年年末牛市的到来，正股中国银行不断上涨，带动中行转债一举突破190元/张的高位，在退市倒数第二年完成了有惊无险的强赎。

2015年的牛市初期是大象起舞，不少银行股价格大幅上涨，受大牛市的利好，工行转债同样在2015年完成了强赎。

虽然已经退市的银行类可转债都是以强赎结束历史使命的，但大多与牛市助推有关，未来的银行转债能不能实现强赎，要看幸运女神能否再次眷顾。

另一种投资策略是博弈反弹。低价可转债的安全性相对较高，可以布局一些作为防守。当正股出现行业反转或者大利好时，随着正股股价的不断提高，可转债的转股溢价率逐渐被抹杀，进而逐渐表现出不错的进攻性。那么，对于低价、高溢价可转债，我们提前在低位埋伏进去，就好像买了一张彩票一样，随时等待开奖。

当然，我们需要特别重视的是，高溢价的可转债往往股债联动性差，具体表现为正股可能涨停，但是可转债纹丝不动或者略有下跌。出现这种状况的主要原因还是转股溢价率，高转股溢价率导致低价可转债往往不能紧跟正股的步伐，只有转股溢价率逐渐收敛甚至抹平时，这类可转债才能表现出非常不错的进攻性，即跟随正股同涨同跌。

在可转债熊市中，低价、高溢价可转债还可以作为博弈回售的标的。之前我们提到了可转债在进入最后两个计息年度后，如果正股股价满足了回售条款，那么投资者是有权将可转债回售给发债公司的，而回售价往往是可转债面值加上当期利息。因此，一些低价可转债，尤其是低于面值的可转债，如果它们比较临近回售期，那么我们可以选择买入。在这些价格低于面值的可转债临近回售期时，发债公司会想方设法提升可转债的转股价值，避免回售给上市公司带来的损失，因此价格低于面值的可转债在临近回售期时价格往往会上升到面值以上，这样投资者就完成了一次套利。

当然，如果发债公司对面临回售的破发可转债无动于衷，那么我们完全可以在回售期将可转债以超过面值的价格回售给上市公司，同样可以完成套利。例如，亚药转债自2019年上市后一直萎靡不振，价格一度跌至66.600元/张（见下图），然而2022年年初亚药转债的价格开始上升并保持在100元/张左右，主要原因就是亚药转债即将进入倒数第二个计息年度——回售期。

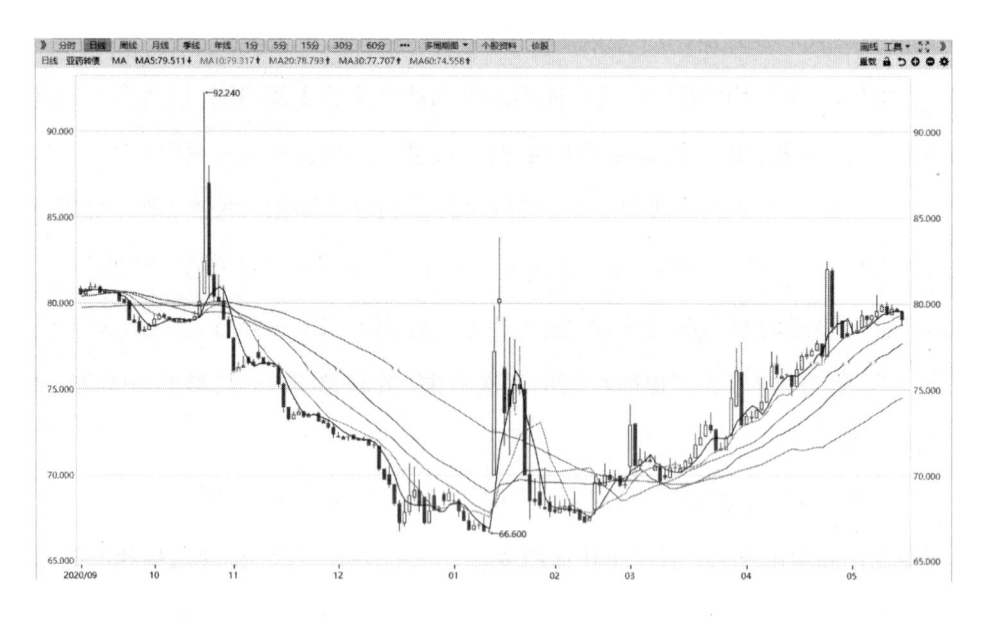

当然，对于低价可转债，尤其是价格远低于面值的可转债，投资者更加担心违约问题。虽然目前在A股市场上没有一只可转债存在违约，但并不代表以后发行的可转债都不存在违约问题。尤其是A股市场未来可能实行注册制，伴随着很多未盈利的上市公司登陆，未来一定会出现可转债违约的情况，这就需要我们对于低价可转债对应的正股有一个基本的判断。如果低价可转债对应的正股基本面存在严重问题，或者面临退市的风险，那么我们要尽量回避这类正股有问题的低价、高溢价可转债。

第七章

低溢价进攻策略

　　可转债的低溢价策略主要强调进攻性，相对比较适合激进型的投资者。由于低溢价进攻策略的股债联动性比较好，所以在牛市或者上升行情中，该策略能够取得非常不错的回报；但是，如果遇上熊市或者下跌行情，那么该策略的风险相对较大；如果遇到股债双杀，则会出现很大的亏损。

一、选债标准

低溢价进攻策略偏重于进攻性，因此，我们在选债时要侧重于转股溢价率低的可转债。当然，低溢价进攻策略并非简单地将可转债的转股溢价率从低到高进行排列，之后买入低溢价前几名的可转债。具体有以下几个筛选剔除标准。

（1）将可转债的转股溢价率从低到高进行排列。

（2）剔除宣布强赎的可转债。

强赎宣告了可转债的末日，临近最后交易日期的可转债会出现价格很低、转股溢价率也很低的现象，甚至出现折价。如果出现较大的折价，那么投资者可以考虑转股套利，但面临强赎的可转债在二级市场上的交易价值已经很小了，不适合再进行博弈。例如，天合转债（118002）的最后交易日是2022年4月12日，在临近到期的一段时间内，天合转债的价格和转股溢价率都很低，但实际上已经没有什么投资价值了，如下图所示。

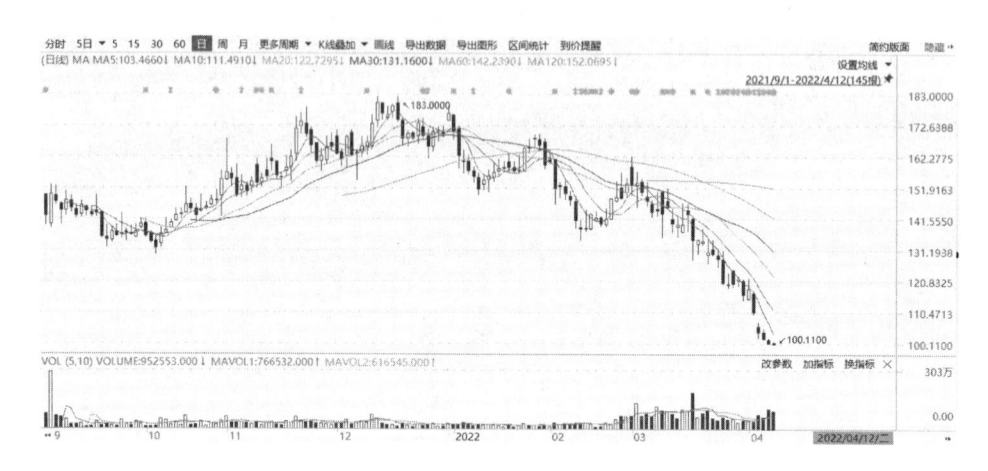

面临强赎的可转债还会出现高价格的现象，这类可转债一般是由于正股暴涨引发可转债满足强赎条款，之后公司立即选择强赎。由于可转债的转股价值尚且维持在高位，导致这类可转债在临近强赎时依然能够维持相对较高的价

格。但由于强赎价往往在100元/张左右，投资者如果不买入可转债转股，就会面临巨大的损失，因此面临强赎的高价可转债的投资价值也不大。

综合来看，面临强赎的低溢价可转债无论交易价格是高是低，短期博弈的价值都不大，因此我们在采用低溢价进攻策略时，要剔除这些面临强赎的可转债。

（3）剔除价格高于130元/股的可转债。

我们知道可转债强赎的条件是：正股股价达到转股价格的130%。这时候可转债的转股价值会维持在130元以上，交易价格也会达到130元/张左右。那么，价格高于130元/张的可转债就会面临强赎的风险。此外，价格超过130元/张的可转债纯债价值较低，本身的风险性比较高。当然，130元/张的阈值并不是绝对的，如果可转债市场热度比较高，则可以适当提高阈值；如果可转债市场相对冷淡，则可以适当降低阈值。

二、风 险 性

低溢价进攻策略的风险性主要体现在可转债的高价格上。之前我们提到，低溢价可转债的显著特征是价格高，那么，如果我们在高位买入可转债后，正股开始出现杀跌，那么可转债会随着正股下跌而大幅下跌，这时候会产生非常大的亏损。因此，低溢价进攻策略还要考虑到正股股价是否还具有上涨空间，如果正股质地优良，未来的上涨空间很大，那么我们可以选择投资对应的低溢价可转债；如果正股明显位于顶部，后期看跌的可能性大，那么我们要坚决回避对应的低溢价可转债。

当然，由于可转债具有"上不封顶、下有保底"的属性，因此，当我们买入低溢价的可转债后，即使运气差到之后正股接连下杀，也不会亏损过多。例如，在130元/张左右买入低溢价可转债，因为有纯债价值托底，即使正股连续下跌，可转债价格跌至100元/张附近，继续下杀的空间就非常小了，这么算通过低溢价可转债布局正股的风险相对较小，以130元/张的价格买入低溢价可转债，最大回撤能保证在30%左右。而直接投资正股就很难说了，一些高位高价股的回调幅度往往非常惊人，股价腰斩甚至下跌2/3的情况比比皆是。

三、低溢价进攻策略实战

为了更好地说明可转债低溢价进攻策略的特点，在这里给出一个案例。

主要方案如下：

（1）初始资金设置为10万元，建仓日期为2017年1月1日；

（2）在建仓时选取转股溢价率从低到高排名，前十的可转债纳入投资组合，单只可转债持仓1手；

（3）初始建仓日期为2017年1月1日，之后每周对投资组合进行筛查和调仓；

（4）若投资组合中的某只可转债面临退市，则将其剔除并调入持仓外转股溢价率最低的可转债；

（5）若投资组合中某只可转债的转股溢价率高于持仓外最低转股溢价率可转债5%以上，则调入新的可转债。

以下是低溢价进攻策略实战的收益统计。

1. 区间一

在2017年1月1日到2022年5月18日这段区间内，低溢价进攻策略的详细收益情况见下表。

总天数	1964 天
初始资产	100 000 元
最终资产	450 876.07 元
总收益率	350.88%
年化收益率	32.30%
区间统计	2017 年 1 月 1 日到 2022 年 5 月 18 日
期间沪深 300 指数涨幅	20.60%
期间中证 500 指数涨幅	-7.44%
期间创业板指涨幅	20.37%

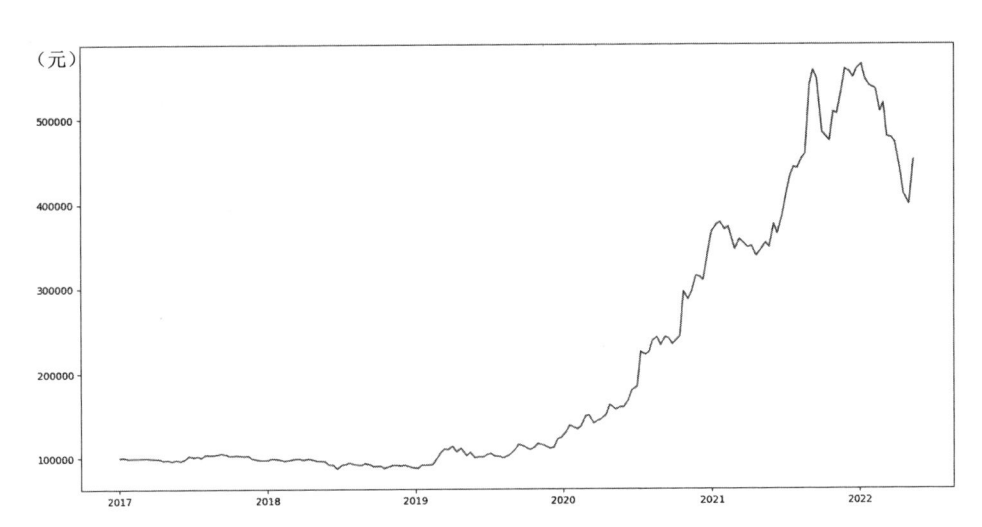

下图所示是低溢价进攻策略在此区间的收益率曲线。

我们可以发现,在2017年1月1日到2022年5月18日这段区间内,低溢价进攻策略的总收益率高达350.88%,远超同期沪深300指数20.60%的涨幅和创业板指20.37%的涨幅。

低溢价进攻策略在此期间的年化收益率高达32.30%,比巴菲特20%的年化收益率还要高出10%以上。

2. 区间二

在2021年1月4日到2022年5月18日这段区间内,低溢价进攻策略的详细收益情况见下表。

总天数	500 天
初始资产	100 000 元
最终资产	143 059.1 元
总收益率	43.06%
年化收益率	29.88%
区间统计	2021 年 1 月 4 日到 2022 年 5 月 18 日
期间沪深 300 指数涨幅	−23.40%
期间中证 500 指数涨幅	−8.95%
期间创业板指涨幅	−20.26%

下图所示是低溢价进攻策略在此区间的收益率曲线。

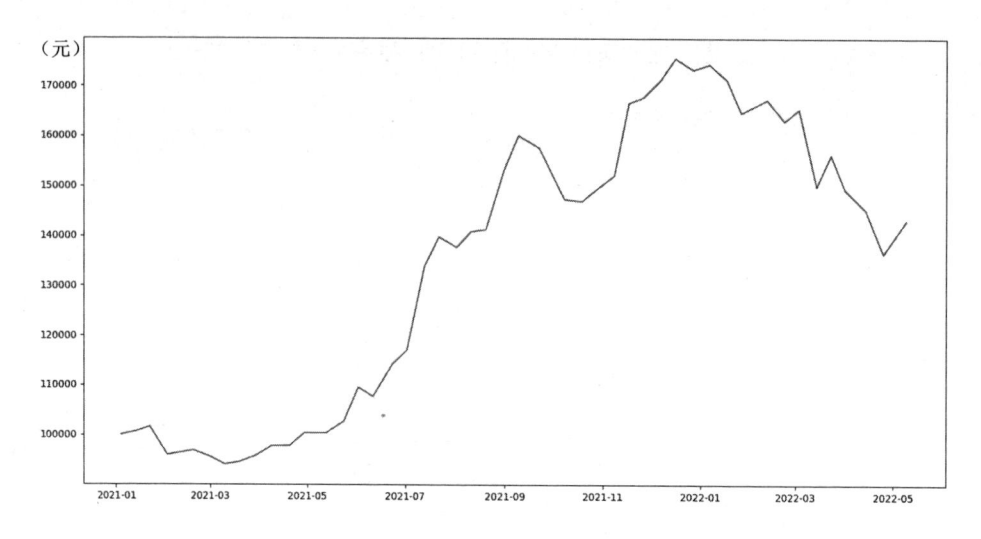

我们可以发现，在2021年1月4日到2022年5月18日这段区间内，低溢价进攻策略的总收益率高达43.06%，而同期沪深300指数、创业板指和中证500指数的收益率均为负值，尤其是沪深300指数在此期间的跌幅高达23.40%，低溢价进攻策略在此期间要远远跑赢沪深300指数。

低溢价进攻策略在2021年1月4日到2022年5月18日这段区间内的年化收益率达到29.88%，比区间一的年化收益率有所下滑。同时，我们从低溢价进攻策略的收益率曲线中也能够明显看出，在2022年之后，低溢价进攻策略的收益率出现了较大幅度的回撤。出现这种情况的主要原因在于2022年的单边下跌行情，可转债市场整体的回调也非常大。

通过对比分析不同历史阶段的收益率，我们不难发现，低溢价进攻策略在牛市中的收益率非常高，但是在2022年这种单边下跌的行情中，出现了非常明显的回调。简单来说，低溢价进攻策略强调投资组合的进攻性，如果搭配上可转债市场好的行情，那么该策略能够展现出最好的表现。

第八章

低价防守策略

可转债的低价防守策略的核心在于挑选一些质地不错的，并且到期税前年化收益率高的可转债。例如，选择AA级评级的，并且到期税前年化收益率在2%以上的可转债，这类可转债即使在存续期内没有完成强赎，到期还钱也不会让投资者有任何亏损，顶多收益率等同于同期货币基金的收益率。但与货币基金相比，买入这些低价格、高到期收益率的可转债，还附送了一份免费的看涨期权，在6年的存续期内，如果可转债赶上风口完成强赎，那么投资者的收益会瞬间提高。

一、选债标准

低价防守策略侧重于可转债的纯债价值和保底属性，我们可以挑选一些正股质地还不错的，并且到期税前年化收益率高于货币基金年化收益率的可转债。这样选的目的是：如果可转债在存续期内没有完成强赎，那么按照赎回价到期赎回也不亏，顶多将可转债当成一只货币基金看待了。

然而，低价防守策略与单纯买货币基金相比，还是有很大优势的，因为可转债具有期权价值，在买入低价可转债的同时，你还会获得一份免费的看涨期权，一旦在存续期内正股遇到大利好，往往会带动可转债迅速上涨，进而完成转股与强赎。

二、风险性

低价可转债的风险性主要表现在两个方面：一方面是低价可转债的转股溢价率往往很高，这类可转债的进攻性表现得比较差，会出现正股上涨而可转债纹丝不动的现象，给投资者的投资体验往往不佳；另一方面在于安全性问题，除了被"错杀"的情况，低价可转债往往存在正股质地比较差的情况，正股质地过差的可转债是存在到期违约的可能的。

所以，我们在挑选低价可转债进行防守时，要尽可能选择一些转股溢价率低的可转债，同时也要考察一下低价债正股的质地，避免出现违约债爆雷问题。

三、低价防守策略实战

低价防守策略实战的具体要求是：初始资金设置为10万元，自2017年1月6日开始，选取价格最低的前十只可转债建仓，之后每月6日对投资组合进行调整，将投资组合中不符合价格最低前十名的可转债调出，并调入新的价格最低前十名的可转债。如果在调仓时没有符合要求的拟调入可转债，则不进行调仓。

以下是低价防守策略实战的收益统计。

1. 区间一

在2017年1月6日到2022年5月18日这段区间内，低价防守策略实战的详细收益情况见下表。

总 天 数	1959 天
初始资产	100 000 元
最终资产	182 513.89 元
总收益率	82.51%
年化收益率	11.83%
区间统计	2017 年 1 月 6 日到 2022 年 5 月 18 日
期间沪深 300 指数涨幅	20.60%
期间中证 500 指数涨幅	−7.44%
期间创业板指涨幅	20.37%

下图所示是低价防守策略在此区间的收益率曲线。

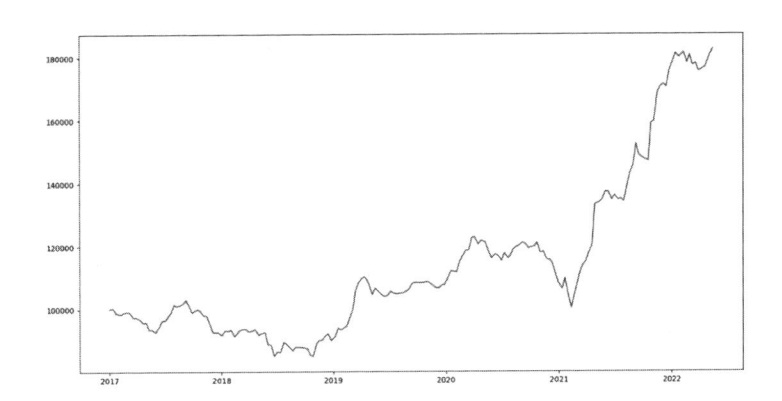

我们可以发现，在2017年1月1日到2022年5月18日这段区间内，低价防守策略的总收益率达到82.51%，超过同期沪深300指数20.60%的涨幅和创业板指20.37%的涨幅。

低价防守策略在此期间的年化收益率仅为11.83%，因为偏重于防守性，所以低价防守策略的年化收益率远不及低溢价进攻策略的年化收益率。

2. 区 间 二

在2021年1月4日到2022年5月18日这段区间内，低价防守策略的详细收益情况见下表。

总 天 数	500 天
初始资产	100 000 元
最终资产	171 124.05 元
总收益率	71.12%
年化收益率	48.02%
区间统计	2021 年 1 月 4 日到 2022 年 5 月 18 日
期间沪深 300 指数涨幅	−23.40%
期间中证 500 指数涨幅	−8.95%
期间创业板指涨幅	−20.26%

下图所示是低价防守策略在此区间的收益率曲线。

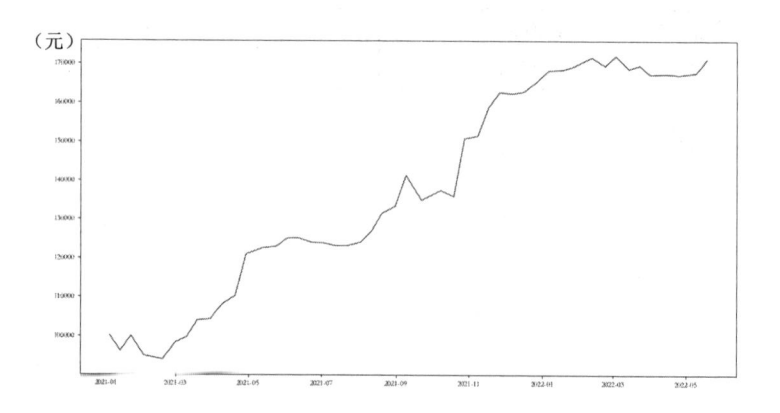

我们可以发现，在2021年1月4日到2022年5月18日这段区间内，低价防守策略的总收益率高达71.12%，而同期沪深300指数的跌幅高达23.40%，创业板指的跌幅高达20.26%。

低价防守策略在此期间的年化收益率高达48.02%，如此高的年化收益率在于低价防守策略的低回撤。如果我们对比低溢价进攻策略与低价防守策略在2021年1月4日到2022年5月18日这段区间内的收益率曲线，就会明显发现低价防守策略在2022年以来的回撤非常有限，而低溢价进攻策略在2022年这种单边下跌的行情下回撤幅度非常大。

虽然低价防守策略在2021年以来的表现非常亮眼，但我们要注意的是这种策略的长期年化收益率并不是最高的。另外，低价防守策略如果不引入人工筛查，则可能会因为"问题债"的违约问题而造成收益率下滑。

第九章

双低轮动策略

可转债的双低轮动策略是一种简单机械化的操作，通过双低轮动，将不符合双低条件的可转债卖出，并买入新的符合双低条件的可转债。双低轮动策略避免了投资者的主观因素对可转债投资造成的偏差，是一种低风险、高效率的可转债投资方式。

一、何为双低

双低是指可转债的价格低和转股溢价率低。价格低意味着可转债的到期税前收益率高，持有低价可转债的安全性相对较高。转股溢价率低意味着可转债的进攻性好，持有低溢价可转债能够享受到价格上涨带来的收益。但是我们知道，同时具备低价和低溢价属性的可转债寥寥无几，一旦发现就相当于捡到了宝贝。

我们可以通过一个双低值计算公式，找出价格和转股溢价率相对较低的可转债进行投资。可转债的双低值计算公式为：

双低值=可转债价格+可转债转股溢价率×100

例如，截至2022年4月29日收盘，搜特转债（128100）的价格为94.610元/张，转股溢价率为26.67%，根据双低值计算公式，搜特转债的双低值为94.610+26.67%×100=121.28。

二、如何轮动

有了双低值计算公式，我们就可以将所有可转债的双低值计算出来，然后将这些可转债按照双低值从低到高依次排列，根据自己的资金情况，选择前n只可转债纳入投资组合。

一般来说，出于风险控制，我们在采用双低轮动策略时，单只可转债的仓位不要过高，最简单安全的方法是投资组合中所有可转债的仓位近似相同。如果初始资金有10万元，则可以选择双低值前十名的可转债进行轮动，每只可转债的仓位控制在1万元左右。也可以进一步降低风险，选择双低值前二十名的可转债进行轮动，每只可转债的仓位控制在5 000元左右。随着资金量的增大，可以适当地增大单只可转债的仓位。

在双低轮动策略中，关于选择双低值前几名的可转债纳入自己的投资组合，没有一个固定的说法。但要注意双低轮动组合中的可转债只数不要过多，也不要过少。过多的话，投资组合就如同可转债等权指数，同时投资组合中可转债数目过多也不利于合理管理。过少的话，单只可转债的仓位过重，存在一定的投资风险。

很多人都听说过这样一句投资名言——不要把鸡蛋放在同一个篮子里。因此，很多人认为投资组合越分散，风险性越小。但实际上分散投资是一个伪命题，过度的分散只会降低投资组合的收益率，巴菲特、彼得·林奇等都选择集中投资。对于可转债的双低轮动策略，如果投资组合过于分散，也不是一个好的方法。

目前主流的双低轮动方式主要有两种。

1. 时间轮动

时间轮动方式主要是指设置好双低轮动的周期，之后按照规定的轮动周期，进行双低可转债的调仓。例如，设置每月轮动一次，那么在第一个月，我们可以将双低值排名前十的可转债纳入自己的投资组合；在第二个月，我们可以筛选出此时双低值排名前十的可转债，并与投资组合中的可转债进行对比，找出投资组合中双低值不在前十的可转债，将其替换为新的双低值前十名的可转债。

2. 条件轮动

条件轮动方式主要是指建立投资组合的调入和调出策略。例如，可以设置调仓依据为：

（投资组合中可转债双低值-拟调入可转债双低值）＞10

那么，当投资组合中某只可转债的双低值比拟调入可转债的双低值大于10时，可以将投资组合中的这只可转债调出，并调入对应的新的可转债。以此类推，进行双低轮动。

条件轮动方式中关于调仓阈值的设定并没有一个统一的标准，投资者可以根据可转债行情进行选择。需要注意的是，阈值越低，调仓的频率也就越快；阈值越高，调仓的频率也就越慢。

三、轮动缺点

可转债的双低轮动策略并不是完美无缺的,它也有一定的局限性。具体而言,双低轮动策略的缺点表现在以下两个方面:

1. 双低值定义过于简单普遍

上文我们提到,目前主流的可转债双低值的计算公式被定义为:

$$双低值=可转债价格+可转债转股溢价率\times 100$$

从公式中可以看出,影响可转债双低值的主要因素有两个:可转债价格和可转债转股溢价率。

如果可转债市场整体的转股溢价率水平较高,那么双低值排名靠前的可转债往往是一些超低价格、高转股溢价率的可转债;如果可转债市场整体的转股溢价率水平不高,那么双低值排名靠前的可转债往往是一些较低价格、较低转股溢价率的可转债。而较低价格、较低转股溢价率的可转债往往是最受人们青睐的。

因此,原始的双低值定义公式会因为可转债市场行情的特点而出现失灵。例如,在可转债市场整体高溢价的情况下,选出一批进攻性比较差的低价格、高转股溢价率可转债。

因此,为了避免过于普通简单的双低值计算公式无法应对市场行情变化,我们可以人为地修正可转债双低值计算公式,如将其定义为:

$$双低值=可转债价格\times A+可转债转股溢价率\times 100\times B$$

其中,$A+B=2$。

与原始的可转债双低值计算公式不同的是,新的双低值计算公式分别赋予可转债价格的权重为A,可转债转股溢价率的权重为B,并且$A+B=2$。在赋予权重之后,双低值的计算就有了侧重点,对于价格和转股溢价率这两个指标,谁的权重越高,谁在筛选出的可转债中占的分量也就越大。

例如,设置$A=1.3$,$B=0.7$,则可转债的双低值计算公式变形为:

$$双低值=可转债价格\times 1.3+可转债转股溢价率\times 100\times 0.7$$

这样筛选出的可转债价格会更低一点，转股溢价率会相对高一点，纯债价值会更高，防守性会更强。

又如，设置$A=0.7$，$B=1.3$，则可转债的双低值计算公式变形为：

双低值=可转债价格×0.7+可转债转股溢价率×100×1.3

这样筛选出的可转债，价格会稍高一点，转股溢价率会相对低一点，进攻性会更强。

2. 双低轮动忽视了人工筛查

我们知道双低轮动策略只是根据可转债的价格和转股溢价率建立一套筛选程序来进行轮动的。而实际上仅仅依据价格和转股溢价率筛选可转债是非常片面的，双低轮动策略忽视了可转债的信用评级、正股质地、剩余规模、下修条件等诸多影响可转债投资价值的因素。因此，我们在进行可转债双低轮动时，可以适当地引入人为的筛查，剔除一些不符合自己选债标准的可转债，进而对可转债的双低轮动策略进行优化。

在这里给出一个优化双低轮动组合的具体操作。下表给出了截至2022年4月29日，依据原始双低值计算公式筛选出的双低值排名前二十的可转债。

代　码	转债名称	双　低　值	剩余年限/年	剩余规模/亿元
128100	搜特转债	121.28	3.868	7.982
127003	海印转债	122.07	0.11	6.73
113011	光大转债	124.58	0.882	241.98
113044	大秦转债	124.89	4.627	319.992
128013	洪涛转债	125.89	0.249	7.852
113033	利群转债	126.04	3.923	17.998
110053	苏银转债	128.96	2.874	199.993
113050	南银转债	129.51	5.129	191.28
110079	杭银转债	131.27	4.918	149.985
128130	景兴转债	132.64	4.34	9.987
123107	温氏转债	133.31	4.915	92.963
127027	靖远转债	133.5	4.616	23.761
113591	胜达转债	133.83	4.173	4.775
128107	交科转债	134.09	3.984	15.943

续表

代码	转债名称	双低值	剩余年限/年	剩余规模/亿元
110043	无锡转债	134.16	1.756	29.214
128048	张行转债	134.52	2.542	24.971
128087	孚日转债	135.02	3.638	6.494
128034	江银转债	135.55	1.745	17.581
113567	君禾转债	135.77	3.847	1.938
128129	青农转债	136.8	4.323	49.998

在这20只可转债中，搜特转债（128100）是价格最低的，低价的主要原因是正股搜于特（002503）面临股价跌破面值退市的风险。因此，虽然搜特转债是目前双低值排名第一的可转债，但投资者出于安全性考虑，可以选择将其剔除。

海印转债（127003）的剩余年限为0.11年，洪涛转债（128013）的剩余年限为0.249年，这两只可转债都面临到期赎回的风险，因此博弈价值不大，可以选择将其剔除。

光大转债（113011）、苏银转债（110053）、南银转债（113050）、杭银转债（110079）、无锡转债（110043）、张行转债（128048）、江银转债（128043）和青农转债（128129）均隶属于银行类可转债，认为银行类可转债价格弹性小的投资者可以将其剔除。

大秦转债（113044）虽然名列双低值第四名，但是其剩余规模高达319.992亿元，这么大的剩余规模堪比很多银行类可转债，因此不喜欢剩余规模过大可转债的投资者可以选择将其剔除。

经过以上的筛选剔除，剩余8只可转债，投资者可以将其纳入双低轮动组合，见下表。

代码	转债名称	双低值	剩余年限/年	剩余规模/亿元
113033	利群转债	126.04	3.923	17.998
128130	景兴转债	132.64	4.34	9.987
123107	温氏转债	133.31	4.915	92.963
127027	靖远转债	133.5	4.616	23.761
113591	胜达转债	133.83	4.173	4.775

续表

代　码	转债名称	双低值	剩余年限/年	剩余规模/亿元
128107	交科转债	134.09	3.984	15.943
128087	孚日转债	135.02	3.638	6.494
113567	君禾转债	135.77	3.847	1.938

四、双低轮动策略实战

我们采用时间轮动的双低轮动方式，初始资金设置为10万元，自2017年1月1日开始，在最初建仓时选择双低值（可转债价格+转股溢价率×100）前十名的可转债。之后的每月6日轮动一次，如在第二个月，我们筛选出此时双低值排名前十的可转债，并与投资组合中的可转债进行对比，找出投资组合中双低值掉出前十的可转债，将其替换为新的双低值前十名的可转债。

以下是双低轮动策略的收益统计。

1. 区间一

在2017年1月1日到2022年5月18日这段区间内，双低轮动策略的详细收益情况见下表。

总天数	1964天
初始资产	100 000元
最终资产	302 691.9元
总收益率	202.69%
年化收益率	22.85%
区间统计	2017年1月1日到2022年5月18日
期间沪深300指数涨幅	20.60%
期间中证500指数涨幅	-7.44%
期间创业板指涨幅	20.37%

下图所示是双低轮动策略在此区间的收益率曲线。

在2017年1月1日到2022年5月18日这段区间内，双低轮动策略的总收益率高达202.69%，折合年化收益率高达22.85%，要知道巴菲特的伯克希尔·哈撒韦公司的年复合回报率也仅仅在20%左右。

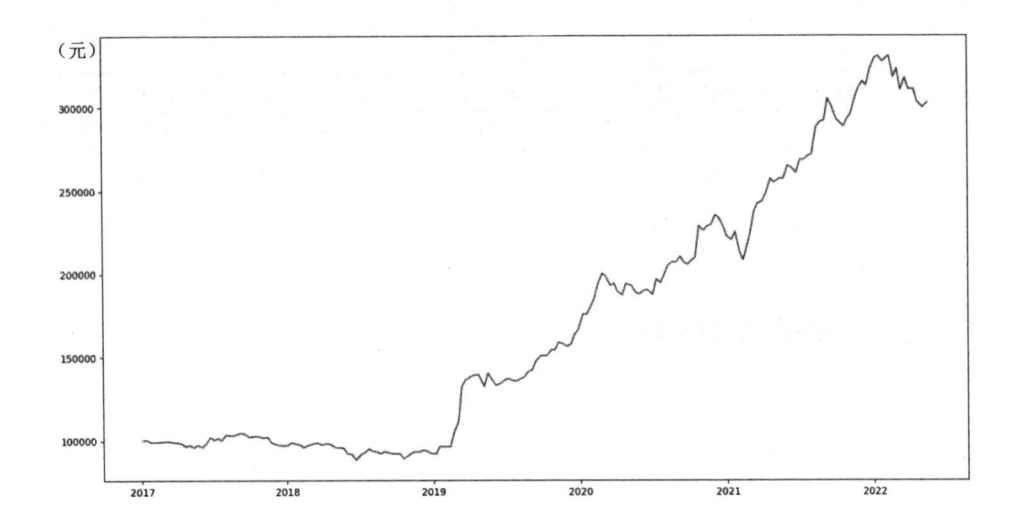

2. 区间二

在2021年1月4日到2022年5月18日这段区间内,双低轮动策略的详细收益情况见下表。

总天数	500 天
初始资产	100 000 元
最终资产	134 178.45 元
总收益率	34.18%
年化收益率	23.94%
区间统计	2021 年 1 月 4 日到 2022 年 5 月 18 日
期间沪深 300 指数涨幅	−23.40%
期间中证 500 指数涨幅	−8.95%
期间创业板指涨幅	−20.26%

下图所示是双低轮动策略在此区间的收益率曲线。

在2021年1月4日到2022年5月18日这段区间内,双低轮动策略的总收益率达到34.18%,折合年化收益率为23.94%。在此期间A股市场整体表现不佳,沪深300指数跌幅高达23.40%,创业板指也下跌了20.26%。

通过对比分析低溢价进攻策略和双低轮动策略在2022年以来的表现,可以发现双低轮动策略在2022年的回撤幅度较小。产生这种情况的主要原因是:双低轮动策略引入了对可转债价格的参考,筛选出的可转债结合了低价的特性,在2022年这种单边下跌的行情中,低价可转债的纯债价值,即保底特性表现得非常明显。而一些低溢价的高价可转债在下跌行情中遭遇股债双杀,价格回落非常大,这就造成了低溢价进攻策略在下跌行情中回调明显。

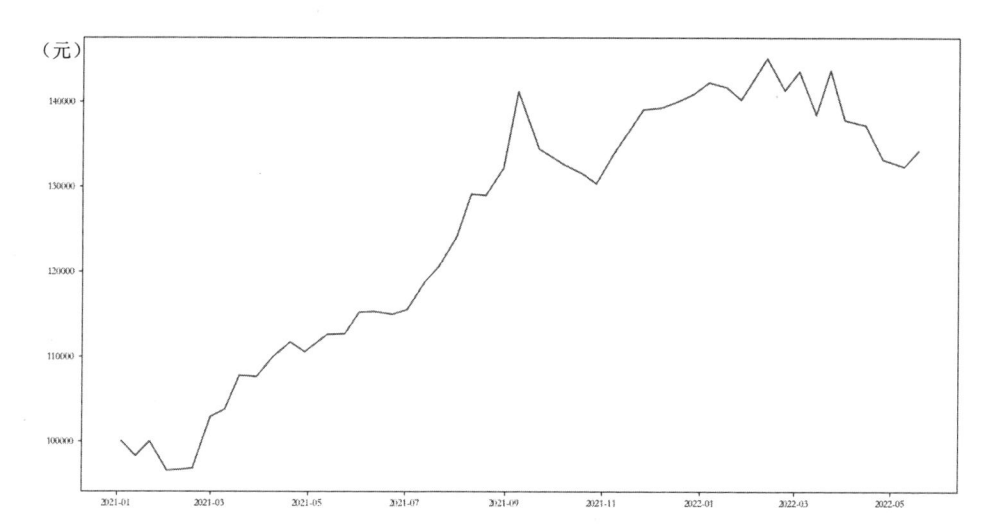

到本章为止,我们已经讲解了可转债投资的三种常见策略,分别是低溢价进攻策略、低价防守策略和双低轮动策略。下面我们来对比分析一下这三种策略在不同阶段的收益率情况,见下表。

策略名称	总收益率	年化收益率
低溢价进攻策略	350.88%	32.30%
低价防守策略	82.51%	11.83%
双低轮动策略	202.69%	22.85%
统计区间	2017/1/1—2022/5/18	
策略名称	总收益率	年化收益率
低溢价进攻策略	43.06%	29.88%
低价防守策略	71.12%	48.02%
双低轮动策略	34.18%	23.94%
统计区间	2021/1/4—2022/5/18	

拉长时间来看,低溢价进攻策略是这三种策略中总收益率最高的,低价防守策略是这三种策略中总收益率最低的,而双低轮动策略的表现则介于前两者之间。

但是需要注意的是，过分强调进攻性的低溢价进攻策略，在下跌行情中的回撤幅度会比较大。在这里我们给出了这三种策略的收益率曲线对比图，如下图所示。

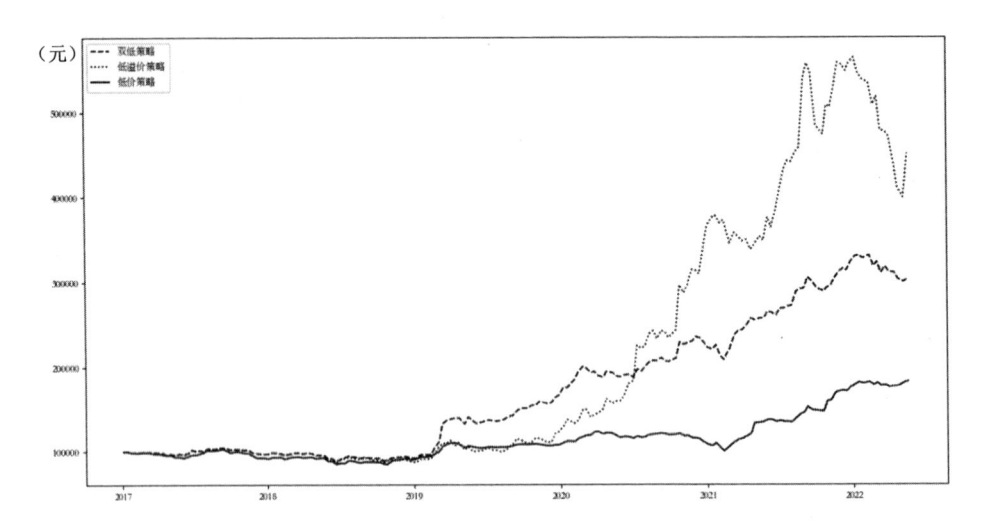

不难发现，自2022年以来，低溢价进攻策略的回撤幅度最大，其次是双低轮动策略，基本上没有什么回撤的是低价防守策略。这也解释了为什么在市场行情较差的阶段，低价防守策略能够以退为进，逆势取得超过低溢价和双低策略的收益。

综合来看，双低轮动策略既考虑了可转债的进攻性，又考虑了可转债的防守性，是一种攻守兼备的策略。双低轮动策略的长期收益率也是介于低溢价进攻策略和低价防守策略之间的，对于稳健型的投资者而言，双低轮动策略可能是更好的投资选择。

当然，无论选择什么样的可转债投资策略，笔者一直建议投资者适当地引入人工筛查，例如，在采用低溢价进攻策略时剔除一些高价债，避免追高被套；在采用双低轮动策略时剔除一些银行券商类可转债，提高投资组合的波动性；在采用低价防守策略时剔除一些正股质地较差的"问题债"，提高投资组合的安全性。

第十章

博弈下修策略

在股市表现较差或债券市场信用风险较大的时期，容易导致可转债价格大面积下跌，有些可转债甚至跌破面值，可转债发行人往往为了促进可转债转股而选择下修。自2022年以来，伴随着权益市场的深度回调，不少可转债对应的正股股价下跌幅度较大，已经触发下修转股价条款。截至2022年5月20日，市场现存的442只可转债中有248只满足下修条款，占比达到56.1%。自2022年以来共有15只可转债的董事会提议下修转股价，其中有10只可转债成功下修。

我们知道，下修转股价能够提高可转债的转股价值，因此我们在低位埋伏一些可能下修转股价的可转债，之后如果公司下修转股价成功，就可以获得可转债转股价值提升的收益。

要想提前埋伏可能下修转股价的可转债，首先要了解可转债的下修流程。可转债下修转股价一般要经历五个流程：触发下修条款—董事会提议下修—股东大会审议—公告是否下修转股价格—实施。

从可转债下修转股价的流程上看，存在三个不确定性：首先，董事会是否提议下修；其次，股东大会是否同意下修；最后，转股价下修到什么程度。因此，博弈下修的收益也来自这三个阶段。如果将从董事会提议下修开始到股东大会审议通过结束作为可转债下修博弈的全过程，那么整个过程可转债的平均收益率为5.83%，中位数收益率为5.18%。其中，在董事会提议下修公告日平均收益率为3.67%，中位数收益率为3.28%；从董事会提议到股东大会审议期间一般有13个交易日，平均收益率为1.68%，中位数收益率为1.25%；在股东大会公告日平均收益率为0.51%，中位数收益率为0.28%。

在这里我们不难发现，当董事会提议下修转股价后可转债的平均收益率最高，而当股东大会审议公告下修结果后可转债的平均收益率最低。接下来我们用具体的例子解释一下其中的原因。

一般来说，在上市公司董事会提议下修转股价时，出于转股价值可能会提升的利好，可转债在下修转股价公告发布后的第二天一般会跳空高开，那么提前埋伏这些可转债的投资者就能够取得不错的收益。

例如，迪森股份（300335）董事会于2022年4月28日提议下修转股价，迪森转债（123023）在下一个交易日（2022年4月29日）跳空高开，收盘涨幅高达5.33%，如下图所示。

而股东大会审议通过下修转股价，属于利好落地，此时可转债一般不会再

有明显的表现。例如，迪森股份的股东大会于2022年5月17日审议通过了董事会关于迪森转债下修转股价的提案，但是迪森转债在次日（2022年5月18日）的涨幅仅有1.96%，反弹并没有董事会提议下修的时候明显，如下图所示。

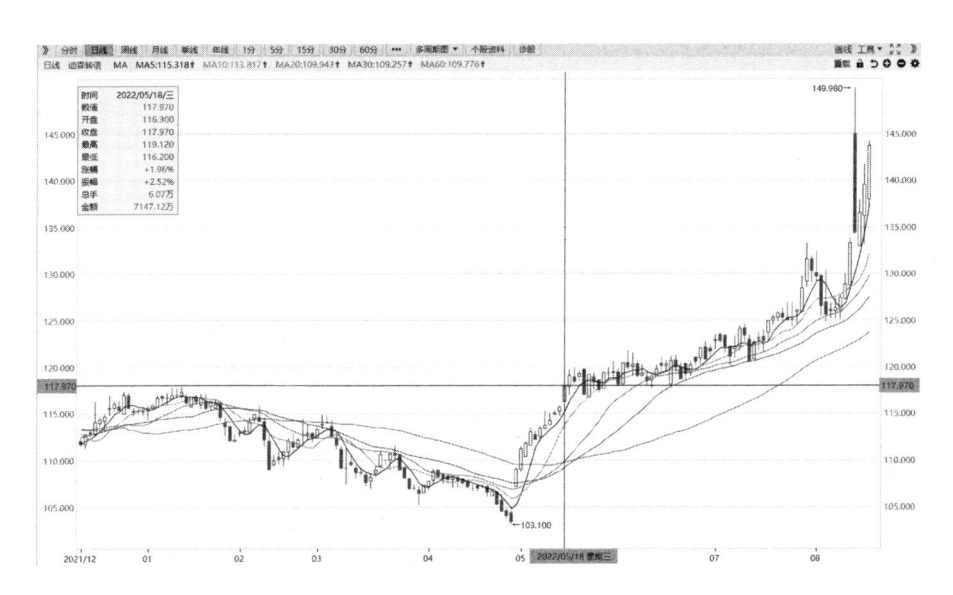

当然，上述情况也不是绝对的，一些可转债的正股不被投资者看好，或者投资者认为上市公司只是象征性地将可转债的转股价下修一点，并不会下修到底，那么，在董事会提议下修转股价时，这些可转债在第二天的表现往往不会特别

好。例如，正邦转债（128114）的正股正邦科技（002157）在2022年出现经营困难，当正邦科技的董事会于2022年4月21日提议下修正邦转债的转股价后，不少投资者认为正邦科技只会象征性地下修一点转股价，次日正邦转债仅上涨了2.28%，之后正邦转债的价格一度又回落到100元/张以下。

然而，出乎意料的是，正邦科技于2022年5月21日发布公告称，股东大会通过了正邦转债转股价下修到底的提案。在这样的大利好作用下，正邦转债在下一个交易日（2022年5月23日）跳空高开，盘中一度上涨到114.340元/张，如下图所示。

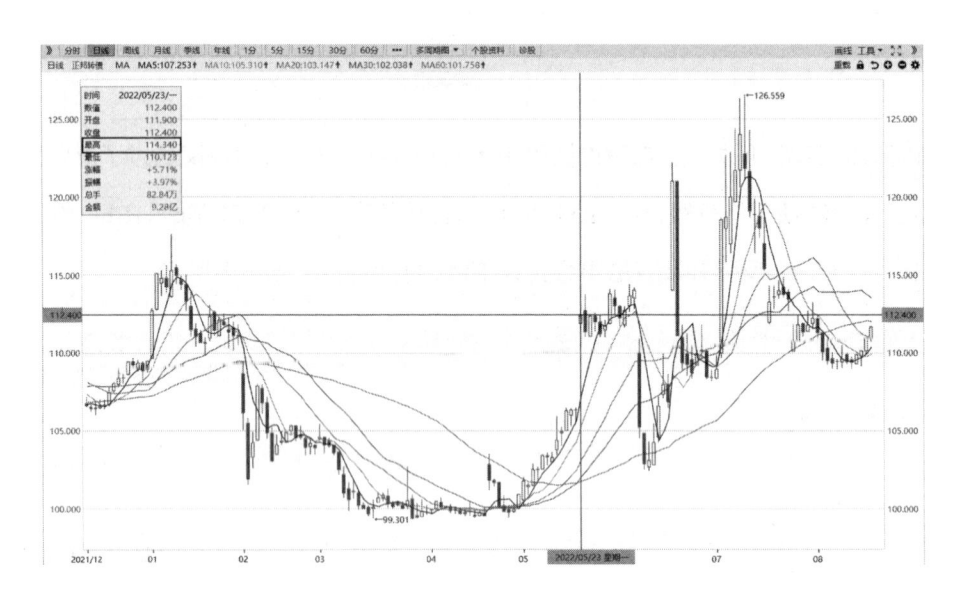

一般来说，上市公司会在前一个交易日收盘后发布董事会提议下修转股价的公告，但是有一些比较奇葩的上市公司选择在交易时间发布董事会提议下修转股价的公告。例如，锦鸡股份（300798）的董事会于2022年5月18日上午收盘后发布了提议下修转股价的公告，在午后开盘后锦鸡转债（123129）迅速拉升，最高涨幅高达17.62%，不过之后迅速回落，如下图所示。很多投资者中午没有来得及查看上市公司的公告，错过了午后锦鸡转债的迅速拉升行情。

总的来说，大部分可转债在董事会提议下修转股价的第二天会表现亮眼，而当股东大会审议通过下修转股价的提案后的反应并不会很强烈。因此，对于企图博弈可转债下修的投资者来说,一定要提前找到满足下修条件的可转债,并推敲一下上市公司下修转股价的意愿,进而提前埋伏进去,而不是等到董事会提议下修转股价后再买入对应的可转债,否则很容易造成追高被套的损失。

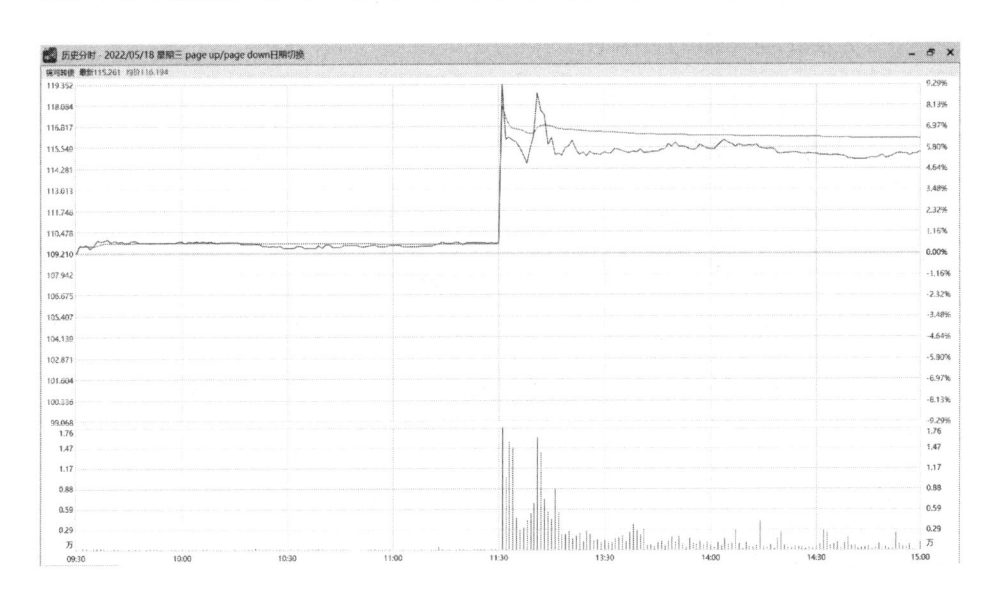

那么,在采用下修博弈策略时,如何进行可转债的筛选呢?在这里给出了几点筛选标准。

一、满足下修条款

可转债只有满足了下修条款才能提议下修转股价,因此我们首先要把满足下修条款的可转债挑选出来。

市场上现存的可转债有400多只,如果一只一只地寻找满足下修条款的可转债,则需要浪费大量的时间和精力。在这里我们不妨思考一下可转债的下修转股价条款,进而缩小自己的筛选范围。

在现存的可转债中,下修条款最为宽松的是正股股价低于转股价的90%,我们知道可转债转股价值的计算公式为"转股价值=可转债面值÷转股价×正股股价",如果正股股价是转股价的90%,则可转债的转股价值应该是90元。也就是说,转股价值高于90元的可转债是不符合下修条款的。按照这样的原则,我们就可以利用集思录网站（后面章节会详细介绍集思录网站的使用方法），将现存可转债的转股价值按照由低到高进行排列，只留下转股价值在90元以下的可转债，之后再根据满足下修条款的天数进行细筛。如此一来，就明显减轻了筛选满足下修条款的可转债的工作量。

二、正股市净率足够

我们知道市净率=每股股价÷每股净资产，市净率越高，代表股价高出每股净资产的部分越多，因此高市净率的上市公司更容易下修。

此外，我们之前提到过一些可转债转股价下修不能低于每股净资产，而如果一些上市公司的市净率非常低甚至严重破净，那么下修转股价的空间就非常小了。例如，本钢转债（127018）的正股本钢板材（000761）严重破净，虽然本钢板材在本钢转债上市后的股价一度跌至2.28元/股，相比于本钢转债4.55元/股的转股价接近腰斩，但是本钢转债始终无法下修。

综合考虑，我们倾向于选择正股市净率高的可转债，市净率大于1.3倍可以作为一个分水岭。

三、大股东下修意愿

当上市公司董事会提议下修后，需要公司股东大会通过。参与股东大会的大股东看重企业的长期发展，因此不希望可转债到期偿还，而希望通过转股实现资本扩充。而小股东持有的可转债一般比较少，他们更看重正股短期的走势，而当下修转股价促进转股后，在短期内会对正股股价造成一定的冲击，因此小股东往往是不希望下修转股价的。

上市公司在发行可转债时，会给大股东配售大量的可转债。之前我们提到，持有可转债的股东是没有表决权的，如果大股东想要获得表决权，就必须先通过各种途径减持手中的可转债。因此，大股东减持可转债就是一个信号，意味着上市公司可能要下修转股价了。当然，这个信号并不代表可转债一定会下修转股价，如果在某段时间内可转债在二级市场上的交易价格比较高，大股东也可能通过减持来获利。

此外，如果大股东优先配售的可转债比例非常高，而可转债上市后的价格长期低迷，那么，为了将大股东"解救"出来，上市公司也会想尽办法下修可转债的转股价，提升可转债的转股价值。

四、回售博弈下修

之前我们提到，回售是可转债投资者的权利，只要满足回售条款，上市公司就要无条件接受投资者的回售。因此，将回售与下修联系起来，往往能够取得出其不意的效果。

如果可转债临近回售期并满足回售条款，而价格长期在100元/张以下，那么上市公司为了避免可转债回售对公司资金的影响，往往会在可转债临近回售期时下修转股价，从而提升可转债的转股价值，将可转债的价格维持在100元/张以上。

例如，洪涛转债（128013）在2021年年初价格跌破了面值，此时洪涛转债已经进入回售期，而且回售条款也即将被触发。2021年2月24日，洪涛股份宣布下修转股价成功，将转股价从3.10元/股修正到2.32元/股，次日洪涛转债跳空高开，价格成功高于回售价，进而避免了回售，如下图所示。

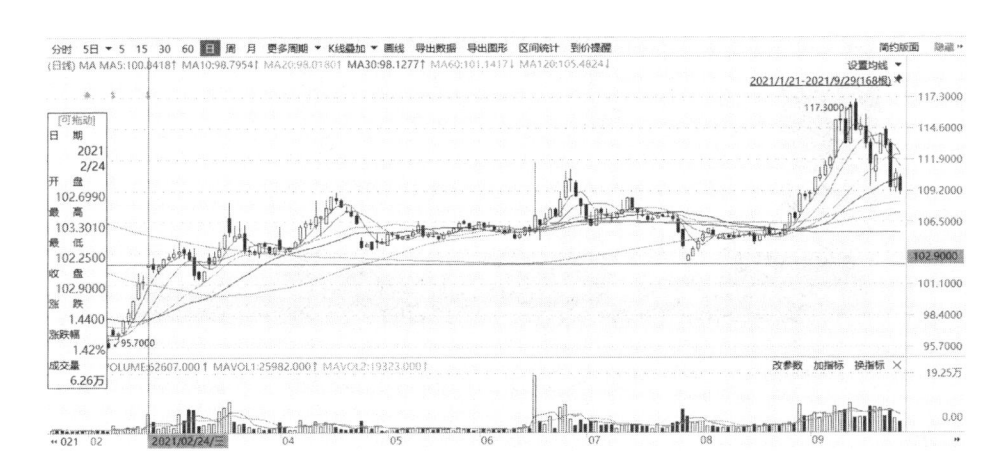

那么，我们就可以采用回售博弈下修的方式参与可转债套利。这种方法的核心在于：寻找即将触发回售条款的可转债，并且这些可转债的价格低于回售价。

五、与上市公司沟通下修

之前我们分别讲解了博弈下修的四种方式，但是上市公司是否真的下修可转债转股价，往往还是一个未知数。如果我们与上市公司进行合理沟通，推断出上市公司的下修意愿，则也可以帮助我们进行分析和思考。在这里我们主要介绍一下如何与上市公司沟通，进而推测出上市公司下修转股价的意愿。

我们首先要知道怎么查找上市公司证券事务部的电话。在浏览器的搜索框中输入上市公司的简称，如输入"纵横通信"，之后找到上市公司的官网，单击"投资者关系"，如下图所示。

在进入"投资者关系"界面后，查找上市公司证券事务代表的电话，如下图所示。

在找到上市公司证券事务代表的电话后，我们就可以在工作日致电上市公司，并与工作人员沟通，进而推测上市公司下修转股价的意愿。

如何与上市公司证券事务代表进行合理、有效的沟通，进而获取上市公司对于下修转股价的态度，是需要反复学习与实践的。在这里举一个笔者与上市公司证券事务代表沟通的案例。

纵横转债（113573）的正股是纵横通信（603602），纵横通信的股价在纵横转债上市后表现低迷，导致纵横转债的转股溢价率一直居高不下。笔者在2022年5月20日致电纵横通信证券事务代表，以下是沟通的主要内容。

笔者首先谈及："贵公司在2020年发行了一只纵横转债，纵横转债目前的转股价是18.78元/股，修正触发价为15.02元/股，目前纵横通信已经满足了下修转股价的条款，请问贵公司是否有下修转股价的意愿？"

对方回答："您反映的下修转股价问题，我们目前也在讨论。"

实际上，纵横通信证券事务代表的这句回答也是官话，给人模棱两可的感觉，因此笔者继续陈述自己的观点："贵公司发行的纵横转债自上市以来从未突破130元/张，在2021年年初还一度跌至90元/张附近，纵横转债带给投资者的体验确实不佳，希望贵公司能够下修转股价，以提升纵横转债的转股价值。同时近期市场有炒作小规模可转债的风向，纵横转债的发行规模只有2.70亿元左右，如果再加上公司下修转股价的利好，那么纵横转债可能顺利完成强赎。"

对方回答："您提出的建议很好，但是目前下修转股价会造成正股股东权益稀释的问题，我们也在考虑这种情况。"

笔者继续补充："纵横转债的发行规模仅占纵横通信流通市值的14.22%，即使下修转股价，对纵横通信的原始股东权益也不会产生很大的冲击。目前纵横通信的市净率在2.5倍以上，下修转股价的空间还是很大的，希望贵公司能够站在投资者权益的角度和公司长远发展的立场上，下修转股价。"

对方解释说："您反馈的问题很全面，但是目前公司股票确实处于低位，公司还是想要等股价回升后再考虑这个问题。"

笔者立即反问："那么贵公司目前还是考虑股价回升，而不是下修转股价吗？"

对方表示肯定，沟通就结束了，基本上可以确定纵横通信目前没有下修转股价的意愿。

如果我们分析整个沟通内容，则可以发现交流是由浅入深的，刚开始证券事务代表对下修转股价问题的态度模棱两可，随着笔者沟通问题的深入，对方逐渐肯定了不会下修转股价的态度。实际上，如果我们不耐心细致地与证券事务代表沟通，而是简单重复地问公司是否有意向下修转股价，则可能始终得到的都是模棱两可的回答。即使公司有意愿下修转股价，那么证券事务代表也可能出于保密的原因拒绝透露。

这就给我们以启示——虽然与上市公司证券事务代表沟通是判断公司下修转股价意愿的最有效方法，但是证券事务代表的回复往往是模棱两可的。在与上市公司证券事务代表沟通交流时，我们要本着双赢的原则，以愉快温和的态度、循序渐进的方式，进而推测出上市公司下修转股价的意愿。

第十一章

综合选债标准

　　实际上，可转债的各种投资策略是可以互相借鉴的，如果投资者有充足的时间和精力，可以在投资时进行筛选，进而增厚收益。结合可转债投资的多种策略，有以下选债标准值得投资者参考。

一、现价低

可转债的价格低，尤其是一些可转债的价格在面值附近，这样的可转债风险性相对较低。

目前A股市场的可转债没有出现过违约情况，在不违约的前提下，可转债价格低于赎回价，或者说可转债到期税前收益率为正值，这样的可转债比较安全。

持有一些低价格、高到期收益率的可转债是非常划算的，例如，你买入了一些到期税后收益率在2%左右的可转债，相当于投资了一只货币基金，同时收获了一份免费的看涨期权。

二、转股溢价率低

可转债的转股溢价率越低，进攻性越强。

我们在筛选可转债时，一定要侧重转股溢价率这个指标。当然，并非转股溢价率越低越好，因为低溢价的可转债往往价格比较高。我们可以利用可转债的双低值综合考虑现价与转股溢价率。

三、下修条款宽松

下修条款宽松的可转债更容易触发下修。截至2022年4月22日，在现存的可转债中下修条款最为苛刻的是兴森转债（128122），其转股价下修条款是：当公司股票在任意连续三十个交易日中至少有二十个交易日的收盘价低于当期转股价格的70%；下修条款相对宽松的有小康转债（113016），其转股价下修条款是：在本次发行的可转债存续期间，当公司股票在任意连续二十个交易日中至少有十个交易日的收盘价低于当期转股价格的90%。

下修转股价意味着可转债转股价值的提高，那么可转债的交易价格也会水涨船高，因此我们要尽量选择更容易下修的可转债。

当然，下修转股价是发债公司的权利而非义务，当可转债满足下修条款后，上市公司可以选择下修，也可以选择不下修。因此，基于下修条款的难易来筛选可转债只是一个方面。

四、信用评级高

可转债的信用评级越高，违约风险越小。一些低价可转债往往信用评级非常低，存在一定的违约风险。例如，曾经创造可转债历史最低价的亚药转债，截至2022年4月22日，它的信用评级只有B级；正股被ST戴帽的花王转债，它的信用评级也仅为BBB-级。因此，我们在挑选可转债时，要尽量回避一些信用评级过低的可转债，以避免可转债潜在的违约风险。

下表是截至2022年4月22日，信用评级低于A级的可转债。

代码	转债名称	现价（元/张）	正股名称	信用评级
128085	鸿达转债	113.431	鸿达兴业	B
128062	亚药转债	100.021	亚太药业	B
128013	洪涛转债	110.190	洪涛股份	BB
128100	搜特转债	100.500	搜于特	BB
113595	花王转债	100.170	ST花王	BBB-
123015	蓝盾转债	176.000	蓝盾股份	BBB-
113576	起步转债	108.450	ST起步	BBB+

当然，一些过高评级的可转债往往弹性差，如ＡＡＡ评级的银行、券商类可转债总体的投资价值不是很大。因此，我们在投资可转债时，可以选择信用评级为A级以上的可转债。

五、剩余年限低

目前的可转债存续期一般为6年，95%以上的可转债在存续期内可以通过强赎顺利退市。

可转债越临近到期，上市公司越急于解决可转债问题，发债公司可能会进行市值管理、拉抬股价、下修转股价等操作。例如，海印转债（127003）的正股海印股份（000861）主要从事商业运营、文化娱乐及互联网金融业务，由于海印转债在2022年6月8日到期，因此海印股份在2020年之后就频繁蹭各种热点，发出各种各样的利好，以拉抬正股股价，提升海印转债的转股价值。

我们可以将剩余年限作为筛选可转债的标准之一。但是，也不要选择剩余年限过低的可转债，因为之前我们提到，如果可转债在存续期的前5年内没有完成强赎，那么最后一年完成强赎的可能性微乎其微。

六、剩余规模小

小规模可转债易受游资青睐，可转债规模越小，越容易出现"妖债"。例如，在2022年2月"东数西算"概念刚提出时，佳力转债（113597）的转股溢价率非常高，却因为规模极小（2亿元左右）而被游资爆炒，交易价格一度突破200元/张。

2022年年初，市场资金明显偏好小规模的次新债，在投资可转债时将剩余规模纳入参考标准的投资者获利颇丰。

七、可用资金少

可用资金主要是指上市公司期末现金及现金等价物净额，现金及现金等价物是上市公司流动性最强、最容易转化获利的现金资产，上市公司可以用这些资产去偿还债务。

如果上市公司的可用资金非常充裕，那么可能存在转股动力不足的问题。例如，九州转债在存续期内创造过145.8600元/张的高价（见下图），但最终没有强赎成功，而是选择了到期还钱。其中最重要的原因就是九州转债的正股九州通不差钱。九州转债在临近到期时还有14.979亿元的未转股余额，而正股九州通当时的可用资金有44.23亿元，应付15亿元左右的可转债简直是小菜一碟。因此，当时九州通干脆选择到期赎回九州转债。

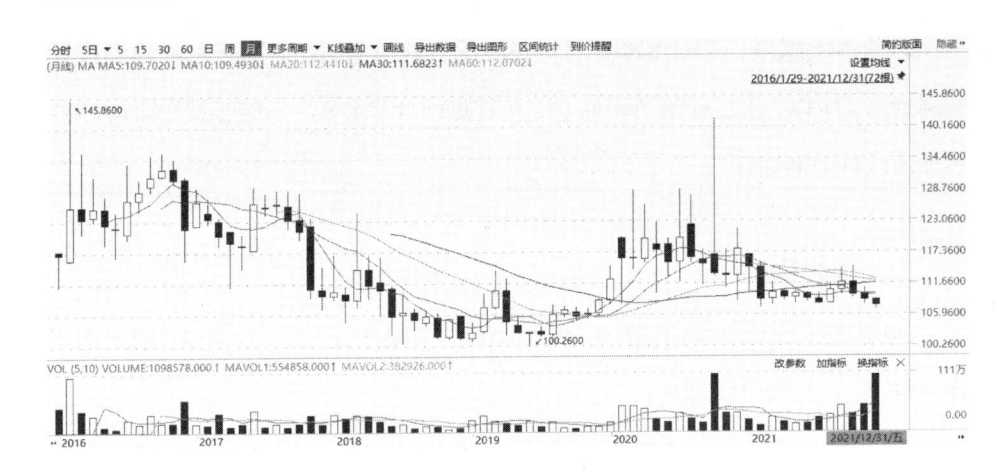

相反，如果上市公司的可用资金不足以偿债，则会更倾向于促进转股。因此，我们可以通过分析上市公司的可用资金是否超过可转债的剩余规模，来判断上市公司对于解决可转债问题的态度。

八、转债占比低

转债占比包括两类，分别是转债流通市值占比和转债总市值占比。

$$转债流通市值占比 = \frac{可转债剩余规模}{正股流通市值} \times 100\%$$

$$转债总市值占比 = \frac{可转债剩余规模}{正股总市值} \times 100\%$$

我们知道，在可转债转股后会稀释正股的每股收益等，因此会对原始股东的权益产生一定程度的稀释。而可转债下修转股价需要经过股东大会通过，下修转股价可能推动可转债转股。如果转债占比过高，那么可转债大量转股后会对原始股东的权益产生不小的冲击，因此原始股东大概率不会同意下修转股价。

例如，亚药转债的转债流通市值占比高达35.19%，亚药转债全部转股后相当于正股直接扩容1/3以上，因此亚太药业迟迟不下修转股价。截至2022年4月22日，亚药转债的转股价高达16.25元/股，而正股亚太药业的价格只有5.40元/股。

转债占比越低，可转债转股后对正股的稀释性越小，下修转股价等提议更容易通过。所以，我们在筛选可转债，尤其是博弈下修时，一定要关注可转债的转债占比这个指标。

九、正股PB>1

PB是市净率的意思，市净率=每股股价÷每股净资产。一般来说，股票的市净率越高，其估值也就越高。

我们知道，银行、券商类可转债下修转股价是不能低于每股净资产的，因此这类可转债的正股如果出现破净，即股价低于每股净资产，那么可转债的转股价即使下修到每股净资产附近，仍要高出正股股价不少。例如，截至2022年4月22日，浦发银行的PB只有0.42倍，2020年年报显示每股净资产为18.00元，浦发转债的转股价格为13.97元/股（看似浦发转债的转股价低于每股净资产，前文提到这并不矛盾）。浦发银行的严重破净导致浦发转债无法下修转股价，居高不下的转股价就导致了浦发转债目前只有100多元/张的价格，转股溢价率高达82.32%。

PB反映了可转债下调转股价的空间，可以近似认为正股PB越高，可转债下调转股价的空间就越大，因此我们尽量挑选正股PB>1，甚至在1.3倍以上的可转债。

第十二章

折价套利策略

之前我们在谈及可转债的转股溢价率时提到，如果可转债出现负的溢价，或者说可转债的交易价格低于转股价值，那么可转债就出现了折价。

我们都知道，如果股票的价格低于内在价值，则是有投资机会的；而对于可转债，如果二级市场的交易价格低于可转债的转股价值，则是存在一定的套利机会的。请注意我说的是"一定的"，也就是说，折价套利并不是完全无风险的套利。

一、如何折价套利

我们通过一个具体的案例再来说明一下什么是折价套利。2022年4月13日，北港转债的收盘价为128.480元/张，对应的转股溢价率是-9.47%，正股北部湾港的收盘价为11.85元/股。假如我们在收盘前以128.480元/张的价格买入10张北港转债，并进行转股操作。注意：转股操作只能在每天的交易时间内进行。

这里我们计算一下次日正股北部湾港的开盘价为x时，此次操作无盈亏，假设我们不考虑买入可转债的佣金和卖出股票的交易费用（转股无手续费）。

首先，投入本金为128.480×10=1 284.80（元）。北港转债的转股价为8.35元/股，面值为1 000元的北港转债可以转换的北部湾港股数为1 000÷8.35≈119（股），余6.35元，其中剩余的6.35元会自动打到你的账户中。

当本次操作不亏不赚时，$119x+6.35=1\ 284.80$，得出$x≈10.74$元/股（向下取整）。

那么，如果次日北部湾港正股开盘价不低于10.74元/股，就存在套利的可能。而北部湾港在2022年4月13日的收盘价为11.85元/股，第二天跌停价对应10.67元/股。注意：跌停价10.67元/股低于10.74元/股。

结果北部湾港在2022年4月14日开盘即跌停，几十万手的封单封死了跌停价10.67元/股，参与北港转债转股套利的投资者瞬间傻眼。2022年4月15日北部湾港又是一字跌停，将转股套利的投资者深埋其中，如下页图所示。

二、折价套利风险

可转债折价套利的最大风险就是正股次日低开甚至跌停。一般来说，可转债出现大幅的折价，意味着大家普遍不看好可转债对应正股在次日的表现，那么此时买入可转债并进行转股套利，很有可能被套。在现实中我们往往也将这种折价买入可转债并进行转股套利的行为称为"裸套"。

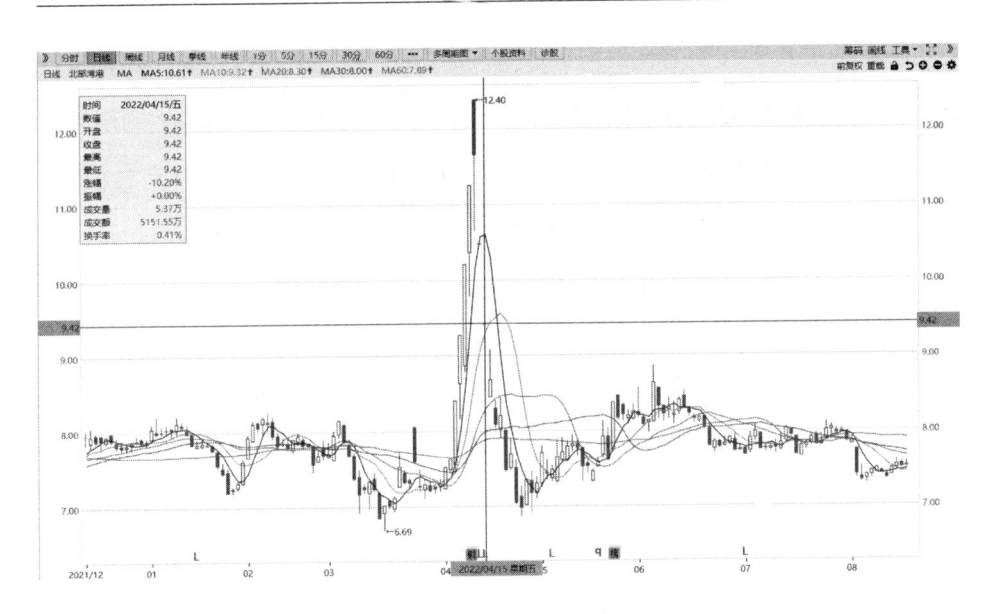

那么，我们是不是要对折价套利敬而远之呢？其实不然，投资者在持有正股的前提下，是完全可以进行折价套利的。在上述例子中，如果投资者提前持有北部湾港，就可以在北港转债尾盘出现折价时买入北港转债并转股，同时迅速在二级市场上抛出相应数量的北部湾港，这样就可以将接近10%的折价稳稳收入囊中。

此外，如果投资者开通了融资融券业务，能够提前找到券源，那么，当可转债出现一定幅度的折价时，也可以通过融券卖出正股，同时买入可转债转股进行套利。当然，这种方法有很大的局限性，主要原因在于A股不支持做空，只有部分标的具有融券属性，上文提到的北部湾港就不是融券标的。

那么，对于正股是融券标的，并且对应可转债出现一定幅度折价的情况，如果我们能够提前锁定券源，则是可以参与折价套利的，但需要提前计算好融券和买入可转债的摩擦成本对收益的影响。

在这里我们必须指出的是，如果投资者一直持有可转债标的的正股，那么，当可转债出现折价时，没有进行买入可转债转股，同时卖出正股的操作，是非常不明智的，这不单单意味着这些投资者白白浪费了一次无风险套利的机会，更多意味着投资者要承担次日正股低开低走的风险。

同时还要提醒投资者在进行折价套利时，一定要提前在盘中委托好转股数量，甚至让委托数量超出自己实际持仓可转债的可转股数量。这样做的原因在于：一些可转债会在尾盘出现大幅度的折价，如果投资者在此时买入可转债，则往往来不及提交转股申请，而盘中可转债的买卖委托是要优于可转债转股委托的。简单来讲，即使你在开盘时持有100张可转债，委托转股1 000张，在盘中任意时间段你依然可以全部卖出持有的100张可转债。

第十三章

以债代股策略

每只可转债都有对应的正股,与股票相比,可转债拥有债底保护,并且交易费率相对较低。对于低风险投资者而言,如果看好一家上市公司的股票,却又担心追高被套,则可以选择投资该公司发行的可转债,相当于间接地持有该公司的股票。

一、何为以债代股

我们知道每只可转债都有对应的正股，那么，如果我们看好一只股票，是选择直接投资正股股票，还是选择持有正股对应的可转债呢？这时候就出现了一种"以债代股"策略。

何为"以债代股"策略？简单来讲，就是在可转债的转股期内，如果我们看好一家上市公司的股票，并且这家上市公司还发行了可转债，那么我们可以考虑选择持有这家上市公司发行的可转债，相当于间接地持有这家上市公司的股票。

二、选债标准

"以债代股"策略的选债标准主要有以下几个方面。

1. 可转债出现折价

在可转债的转股期内，如果可转债出现折价，并且我们比较看好正股短期走势，则可以选择持有正股对应的可转债。当可转债出现折价时，买入可转债并转股，本身就存在套利的可能，因此折价买入看好正股对应的可转债，相当于打折买入了正股股票。如果后期正股表现持续强势，可转债实现强赎，那么以债代股也就少赚了一个折价而已；如果后期正股走弱，由于可转债本身具有保底属性，持有可转债也不会亏损过多，相比之下，持有正股的风险就大多了。因此，在折价可转债的转股期内，看好正股的投资者可以选择以债代股，这种方式更安全。

2. 正股涨停

与专业投资者相比，普通投资者缺少交易席位的优势，因此，在正股涨停的情况下，很难买入正股股票，这时候我们可以买入正股对应的可转债，相当于间接地持有正股股票。当然,我们还可以选择将可转债申请转股,进而获得正股股票,如果正股在次日继续涨停,那么,无论是持有可转债还是持有转换后的正股股票,都能够获得不错的短期收益。当然,在正股涨停后,可转债一般也会迅速上涨。可转债是可以进行T+0交易的,我们可以通过预判正股涨停的可能性,在正股即将涨停的时候买入可转债,在正股涨停后可转债的拉升过程中抛售获利。

3. 可转债的纯债价值高

低价可转债的纯债价值往往很高,这类可转债本身就具有防守布局的优点。一些上市公司本身的质地非常不错,由于极端行情和行业调整等情况,在短期内出现了股价错杀,这时候它们对应的可转债的转股溢价率往往很高,纯债属性突显,到期收益率也很不错。而这些优秀的上市公司为了企业的发展前途,一定会想尽办法积极促进可转债转股强赎,进而补充企业资本。因此,我们持有这些上市公司发行的可转债,本身的安全属性就非常高,一旦上市公司采取下修转股价等积极措施,提升可转债的转股价值,我们就能够取得收益。

第十四章

可转债动态管理

在讲解可转债的动态管理之前,我们先假想一种情况:你分散持有100只可转债,每只可转债持仓1手,这样看似乎投资风险非常小,即使某只可转债违约,对整个投资组合的影响也不大。此外,持仓的可转债品种多了,某只可转债突然暴涨起飞的可能性也就大了。但是,你如何设置卖出位置呢?是在这只可转债的价格达到130元/张时卖出,还是150元/张、200元/张、120元/张呢?

实际上，大多数可转债在强赎期间，价格都能达到150元/张甚至更高，但是在没有满足强赎的脉冲行情中，可转债的价格也可能会突破130元/张，甚至在130元/张附近反复波动。这时候，如果你仅仅持有1手可转债，就面临难以把握卖出点的问题；而如果单只可转债持有多手，就可以将130元/张设置成一个卖点，之后在140元/张、150元/张甚至更高的价位分批次减仓。同时，如果卖出的可转债价格发生回落，那么我们可以再买入一部分，进而对持仓的可转债进行动态管理。

可转债动态管理的思路主要是基于可转债在存续期内经常会发生价格拉升和回落而产生的。就拿已经退市的岱勒转债（123024）来说，岱勒转债在存续期内发生过多次价格拉升和回落，下图中用箭头表示的都是不错的买点，用圆圈表示的都是不错的卖点。岱勒转债最终以强赎结束了历史使命，岱勒转债在存续期内的最高价也是在满足强赎阶段创造的188.888元/张。但是，如果我们只持有1手岱勒转债，那么，在岱勒转债的存续期内，就会错过不少做波段的机会。而如果我们持有多手岱勒转债并进行动态管理，选择在箭头区域买入，在圆圈区域卖出，那么我们在单只可转债上的收益就会非常丰厚。

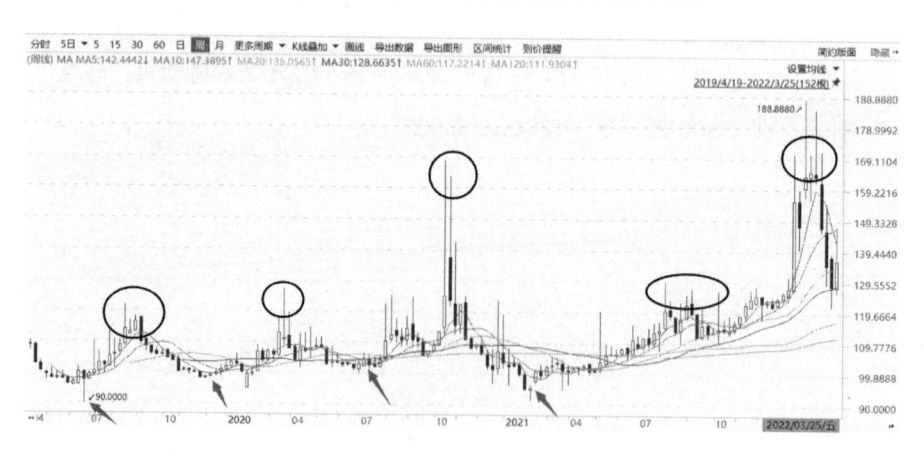

单只可转债仓位过低，很难把握每次卖出的时机；而适当地增大单只可转债的仓位，进行动态管理，则可以有效地减少可转债卖飞等情况，同时还能享受到可转债在存续期内的波段行情。用一个生动形象的比喻来讲，就是可转债的动态管理将一条肥美的鱼（可转债）从头到尾吃了一遍。

第十五章

可转债基金

由于可转债具有"上不封顶、下有保底"的属性，因此可转债受到机构、公募基金和私募基金的青睐。按照交易特点分类，目前市场上投资可转债的基金可以分为场内可转债基金和场外可转债基金；按照资产配置分类，投资可转债的基金可以分为纯可转债基金和混合型偏债基金。

一、场内可转债基金

目前场内的可转债基金基本上都是ETF基金，主要有可转债ETF（511380）和上证可转债ETF（511180）。由于目前A股投资可转债的ETF基金相对较少，接下来我们详细分析一下这两只场内可转债基金。

1. 可转债ETF（511380）

可转债ETF的全名是博时可转债ETF，是博时基金管理有限公司在2020年3月6日发行的一只场内ETF基金。截至2022年4月20日，可转债ETF的规模达到8.10亿元。

可转债ETF自成立以来累计取得了12.00%的收益率，折合年化收益率大概是5.48%。乍一看超过5%的年化收益率似乎战胜了不少纯债型基金，但是作为可转债基金，尤其是经历了2021年这一轮可转债牛市，这样的收益率确实不尽如人意。

可转债ETF追踪的指数是中证可转债及可交换债券指数（931078），中证可转债及可交换债券指数样本券由沪、深交易所上市的可转换公司债券和可交换公司债券组成。指数采用市值加权计算，以反映沪、深交易所可转换公司债券和可交换公司债券的整体表现。

中证可转债及可交换债券指数的基准日为2002年12月31日，基点为100点。截至2022年8月15日，中证可转债及可交换债券指数达到454.27点，为基点的4倍多，如下图所示。

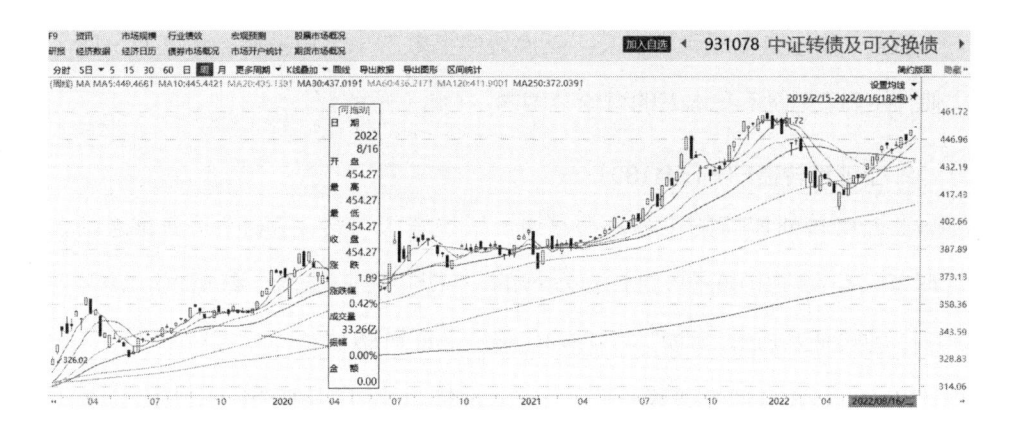

下表是中证可转债及可交换债券指数的十大权重债券情况。

中证可转债及可交换债券指数的十大权重债券			
上交所代码	证券名称	信用类型	权重 (%)
113052	兴业转债	AAA	6.3
110059	浦发转债	AAA	6.07
113021	中信转债	AAA	4.99
113044	大秦转债	AAA	3.99
132018	G 三峡 EB1	AAA	3.21
113011	光大转债	AAA	2.98
113050	南银转债	AAA	2.79
110053	苏银转债	AAA	2.78
113042	上银转债	AAA	2.42
132015	18 中油 EB	AAA	2.4

截至 2022 年 4 月 21 日。

我们不难发现，中证可转债及可交换债券指数的十大权重债券大多是银行类可转债，这类可转债往往发行规模较大，而且下修转股价不能低于每股净资产，因此银行类可转债的投资价值并不是很大。

那么，为什么中证可转债及可交换债券指数重仓了这么多的银行类可转债呢？原因就在于中证可转债及可交换债券指数的编制规则是市值加权，简单来讲就是可转债的发行规模越大，在指数中被赋予的权重也就越大。例如，兴业转债的发行规模高达 500 亿元，是目前可转债市场上发行规模最大的，按照中证可转债及可交换债券指数的编制规则，兴业转债成为该指数的第一大权重债券。

除此之外，在中证可转债及可交换债券指数的十大权重债券里还有一些可交债，由于可交债不在本书的讨论范围内，在此不做解释。

2. 上证可转债ETF（511180）

上证可转债ETF的全名是海富通上证投资级可转债ETF，是海富通基金管理有限公司在2020年7月13日发行的一只场内ETF基金。截至2022年4月20日，可转债ETF的规模达到1.52亿元。上证可转债ETF（511180）比可转债ETF（511380）成立稍晚一些，目前的规模也比可转债ETF（511380）要小得多。

上证可转债ETF自成立以来累计取得了5.38%的收益率，折合年化收益率大概是3.09%。3.09%的年化收益率与纯债型基金的年化收益率接近，但是作为可转债基金，尤其是经历了2021年这一轮可转债牛市，这样的收益率非常不尽如人意。

上证可转债ETF追踪的指数是上证可转债及可交换债券指数（950120），上证可转债及可交换债券指数样本券由上海证券交易所上市的可转换公司债券和可交换公司债券组成。指数采用市值加权计算，以反映沪市可转换公司债券和可交换公司债券的市场表现。那么，我们从指数定义上就可以了解到，上证可转债及可交换债券指数与中证可转债及可交换债券指数的主要区别就在于：前者只包括沪市可转债和可交债，而后者则包含了全市场的可转债和可交债。

上证可转债及可交换债券指数的基准日为2002年12月31日，基点为100点。截至2022年8月15日，上证可转债及可交换债券指数达到390.07点，约为基点的3.9倍，如下图所示。我们知道上证可转债及可交换债券指数与中证可转债及可交换债券指数的基准日和基点是相同的，而目前中证可转债及可交换债券指数的累计涨幅要高于上证可转债及可交换债券指数的累计涨幅。也就是说，全市场可转债指数要优于单独沪市可转债指数。

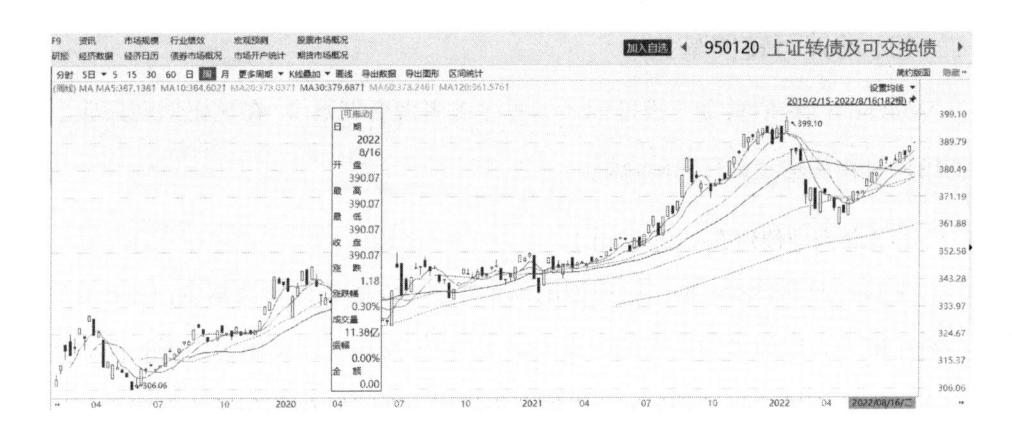

下表是上证可转债及可交换债券指数的十大权重债券情况。

上证可转债及可交换债券指数的十大权重债券			
证券代码	证券名称	信用类型	权重(%)
113052	兴业转债	AAA	9.02
110059	浦发转债	AAA	8.69
113021	中信转债	AAA	7.15
113044	大秦转债	AAA	5.72
132018	G三峡EB1	AAA	4.59
113011	光大转债	AAA	4.27
113050	南银转债	AAA	4
110053	苏银转债	AAA	3.98
113042	上银转债	AAA	3.46
132015	18中油EB	AAA	3.44

截至2022年4月21日。

我们不难发现，上证可转债及可交换债券指数的十大权重债券与中证可转债及可交换债券指数的十大权重债券一模一样，主要原因在于目前发行规模比较大的可转债都集中在沪市，并且以沪市银行股发行的大规模可转债居多。

那么，通过对比分析可转债ETF（511380）和上证可转债ETF（511180），我们可以发现，由于受到ETF追踪的指数编制规则限制，两只可转债ETF基本上都重仓了银行类可转债，因此这两只场内的可转债ETF基金可被称为银行类可转债ETF基金，我们之前提到银行类可转债的价格弹性小，这就造成了两只可转债ETF的收益率不尽如人意。

二、场外可转债基金

场外的可转债基金一般是偏债型基金或者混合型基金，在这里对两只典型的场外可转债基金进行简单介绍。

1. 工银产业债债券A（000045）

工银产业债债券A是一只典型的偏债型基金。所谓偏债型基金，就是基金持仓中既包含以债券为代表的固定收益类资产，又包含以股票为代表的权益类资产。例如，工银产业债债券A的股票仓位有13.07%，债券仓位有79.75%。

在79.75%的债券仓位中，可转债和可交债的占比高达14.41%。下表是工银产业债债券A的十大权重债券情况，可以发现，浦发转债、光大转债和招路转债属于可转债，而18中油EB、G三峡EB1、17中油EB和19中电EB是可交债。

工银产业债债券 A 的十大权重债券	
证券名称	权重(%)
18国开10	3.36
浦发转债	2.47
18中油EB	1.8
20建设银行二级	1.64
19农发06	1.48
G三峡EB1	1.33
光大转债	0.62
17中油EB	0.47
招路转债	0.32
19中电EB	0.29

截至2022年4月21日。

工银产业债债券A成立于2013年3月29日，目前规模达到237.83亿元，自成立以来累计回报高达82.88%，折合年化收益率为6.88%。但是我们需要注意的是，工银产业债债券A虽然配置有可转债，但其占比并不是很高，工银产业债债券A的业绩受股票资产和金融债资产的影响也比较大，因此工银产业债债券A并不是单纯投资可转债的基金，这一点要区别于之前提及的场内可转债ETF。

2. 兴全可转债混合（340001）

兴全可转债混合是一只典型的混合型基金。兴全可转债混合成立于2004年5月11日，目前规模达到47.31亿元，是一只穿越牛熊的老基金，自成立以来累计取得了997.19%的收益率，折合年化收益率高达12.74%。

在兴全可转债混合的资产配置中，可转债和可交债占基金净值的比例高达52.32%，可以说兴全可转债混合重仓的可转债的表现对于该基金的业绩至关重要。下表是兴全可转债混合的十大权重债券情况。

兴全可转债混合的十大权重债券	
证券名称	权重（%）
闻泰转债	3.38
海澜转债	3.21
南航转债	3.01
南银转债	2.68
浦发转债	2.25
苏银转债	2.16
G三峡EB1	2.12
东财转3	2.11
18中油EB	2.04
广汇转债	1.8

截至2022年4月21日。

通过分析可以发现，在兴全可转债混合的十大权重债券中以可转债居多，只有G三峡EB1和18中油EB是可交债，而其他的可转债也并非均为银行类可转债，如正股是热门赛道的闻泰转债等。

通过对比两只投资可转债的基金，我们不难发现，兴全可转债混合更贴合可转债基金，这主要是基于可转债的资产配置和投资风格而言的。

3. 投资可转债与投资可转债基金的区别

那么，投资可转债与投资可转债基金有什么区别呢？首先我们要明确的一点就是：单独投资可转债的收益率要高于投资可转债基金的收益率。主要原因其实刚才也分析了，目前纯粹投资可转债的基金主要是场内的两只ETF基金，但是这两只基金重仓了很多银行类可转债，进攻性不强；而偏债型基金和混合型基金虽然投资了不少非银行类可转债，但是在它们的资产配置中还有股票、金融债、国债等，因此这两种基金都不是严格意义上纯粹投资可转债的基金。

当然，对于普通投资者而言，尤其对于没有时间研究分析可转债，没有精力进行可转债摊大饼、可转债双低轮动的投资者而言，选择可转债基金，尤其是混合型可转债基金，虽然收益率不会非常高，但往往可以躺赢，从长期来看，综合考虑到时间成本等问题，也是非常不错的选择。

第十六章

可转债违约问题

之前我们提到，目前在 A 股市场上还未出现过违约的可转债，但是过去没有不代表将来没有，因此投资者还是要警惕可转债违约的问题。实际上，在可转债市场上曾出现多只问题非常严重的可转债，有正股被强制退市的可转债，有正股被ST"戴帽"的可转债，还有正股存在很大问题的可转债。通过分析研究这些问题债，对于我们有效地规避可转债市场潜在的违约风险，具有至关重要的意义。

一、几只问题严重的可转债

在可转债市场的历史上，出现过几只问题非常严重的可转债，虽然这些可转债有的成功退市，有的目前已经恢复正常，但是这些可转债在当时都被视为可转债违约的先例。

1. 辉丰转债

辉丰转债（128012），正股ST辉丰（002496），正股在被戴帽前叫作辉丰股份，主要经营农作物种植和农药、危险化学品的生产。自2018年起，辉丰股份因环境污染问题受到处罚，公司业绩也随之大幅下滑。

辉丰转债的发行规模为8.45亿元，于2016年5月17日上市，于2021年4月20日退市，退市前的信用评级为A级。

以下是笔者总结的辉丰转债的大事年表。

（1）在辉丰转债上市两年后，辉丰股份在2018年和2019年连续两年的扣除非经常性损益后的净利润为负值，如下图所示。

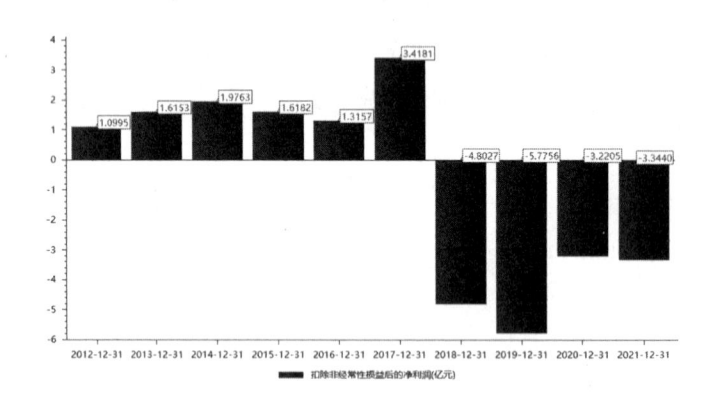

（2）之后深交所决定辉丰转债自2020年5月25日起暂停上市，此时辉丰转债还有8.44亿元的未转股余额。

（3）2020年7月，辉丰转债触发了回售条款，辉丰股份东拼西凑，合计回售了8.2亿元可转债，辉丰转债大约还有2 400万元的未转股余额。

（4）2021年1月，辉丰转债触发了附加回售条款（募集资金用途改变），这次大约回售了400万元可转债，辉丰转债的未转股余额减少至1 940万元左右。

（5）2021年3月，由于剩余规模小于3 000万元，辉丰转债决定发起强赎，赎回价格为103元/张。这次强赎属于第二类强赎，即可转债的剩余规模低于3 000万元而触发的强赎。

（6）2021年4月28日，辉丰转债退市，走完了它有惊无险的"一生"。

在此期间，辉丰股份的股价从高于6元/股一度跌至1.66元/股，如下图所示。

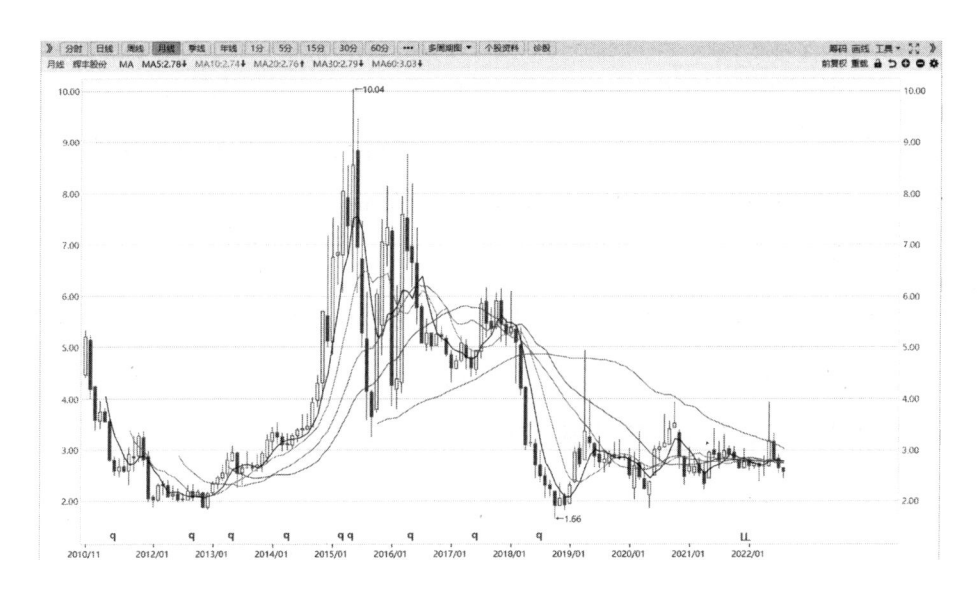

辉丰转债在此期间的最低价为71.000/元张，最高价为116.000元/张，如下图所示。

而从最低价71.000元/张到最高价116.000元/张，其间辉丰转债的涨幅高达63.38%。辉丰转债最低价和最高价之间的巨大差额造就了一些投资者的巨额回报。

辉丰转债的初始转股价为29.70元/股，辉丰转债在存续期内多次下修转股价，一直下修到退市前的4.38元/股。不过，一直到最后，辉丰转债都没有转股成功，而是触发了回售条款，可转债的未转股余额大量减少。可见辉丰股份为解决可转债问题确实做出了不懈的努力，但由于上市公司本身问题过于严重，辉丰转债也没能有精彩的表现。

我们不妨总结一下辉丰转债。

（1）辉丰转债由于正股被ST，可转债被停牌，而深交所在修订规则后，现在的ST股对应的可转债也可以交易，如华钰转债（113027）和花王转债（113595）。

（2）在辉丰转债上成功套利的投资者，无非选择了在100元/张以下购买，之后等公司回售或者到期赎回。这提醒我们，对于破发的、信用评级低的可转债，要着重关注回售条款和到期赎回条款。

（3）辉丰转债最后的做法差强人意，基本上考虑到了投资者的利益。目前在市场上尚无可转债违约情况，我国可转债的规则相对更加严格，有利于保护投资者的利益，这体现出可转债相对于股票的安全性。

2. 本钢转债

本钢转债（127018）的发行规模高达68亿元，正股本钢板材（000761）是东北地区的一家钢铁企业，本身的经营状况不是很好，再加上本钢转债转股价下修不能低于每股净资产，而本钢板材早已严重破净。

本钢转债在发行时不被看好，很多投资者选择了弃购，导致本钢转债网上申购的中签率达到了0.092 510 103 4%，不少投资者甚至中了两签。但是，当时大家最大的担心就是本钢转债在上市后出现破发。

2020年8月4日是本钢转债的上市首日，当日本钢转债的开盘价是101.800

元/张，盘中最低价为97.700元/张，最高价为102.000元/张。

天有不测风云，在本钢转债上市后，正股本钢板材的股价连续走低，再加上华晨汽车的债券违约事件，让广大投资者对于"逃废债"达到前所未有的恐慌。基于上述种种利空因素的叠加影响，本钢转债在2021年年初一度跌到了73.061元/张的历史最低价，如下图所示。

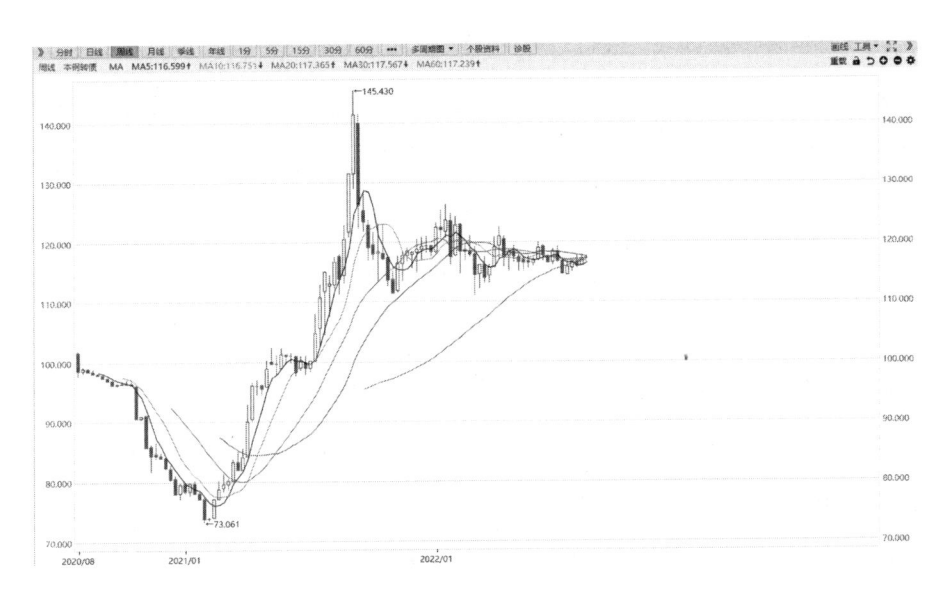

然而，在此之后，本钢转债就开启了它的"表演"。伴随着钢铁行业的回暖和2021年8月以钢铁为代表的大宗商品走牛，本钢转债在2021年9月9日创造了145.430元/张的历史最高价，与历史最低价相比接近翻倍，曾经不被看好的本钢转债在那轮行情中竟然也成功转股了十几亿元的规模。

在本钢转债上成功套利的投资者，无外乎提前在低位埋伏，实际上，他们可能也预料不到本钢转债能够实现"大象起舞"。

对于本钢转债这只曾经被市场抛弃，一度被盖上"逃废债""问题债"标签的可转债，我们从中也能够分析出不少值得反思的地方。

（1）本钢转债的正股本钢板材是国有企业，在A股市场上，国有企业的经营状况可能很难尽如人意，但是国有企业的地位是很多民营企业难以企及的，在历史上不少经营状况堪忧的国有企业都通过重组等手段焕发新生。

（2）本钢转债在发行时的信用评级是ＡＡＡ级，并且由本钢集团提供连带责任保证担保。要知道很多问题债不仅无担保，而且信用评级极低。除此之外，本钢转债在发行时，正股本钢板材的期末现金及现金等价物余额高达90亿元以上，公司的资金完全能够应付本钢转债到期兑付，一些投资者担心本钢转债违约确实有点杞人忧天了。

（3）本钢转债在上市首日盘中曾跌破面值，而本钢转债的信用评级是ＡＡＡ级，在正回购时可以被抵押入库，因此当时很多机构投资者买入本钢转债并进行正回购套利。普通投资者虽然没有正回购的权限，但是想想机构投资者都进场了，难道这只可转债要连机构也欺骗吗？

（4）本钢转债属于高票息的可转债，其票面利率具体如下：第一年为0.6%，第二年为0.8%，第三年为1.5%，第四年为2.9%，第五年为3.8%，第六年为5.0%。本钢转债的到期赎回价为119元/张（包含最后一个计息年度的利息），那么本钢转债在存续期内合计利息高达28.6元。同时伴随着本钢转债在上市后价格不断下跌，其到期税后收益率也远超货币基金的收益率。由此可见，当时买入本钢转债，不但有保本收益，还附送了看涨期权。

（5）本钢转债相比于其他问题债的最大投资价值在于安全性，如果本钢转债的信用评级、正股属性等安全指标很低，那么本钢转债也谈不上"表演"。因此，对于问题债，我们一定要注重安全性的问题。

3. 亚药转债

提到问题债，就不得不讲一讲曾经创造了可转债历史最低价的亚药转债（128062）。

亚药转债于2019年4月24日上市，在上市首日表现平平，盘中最低价为105.980元/张，中签亚药转债的投资者也就收获了零花钱而已。

在上市后不久，亚药转债的各种问题接踵而至，其中最主要的一个问题就是正股亚太药业（002370）的股价不断走低。自亚药转债上市以来，亚太药业的股价从20元/股附近一路下跌到5元/股附近（见下图），导致亚药转债的转股价值越来越低，例如，截至2022年5月9日，亚药转债的转股价值只有32.62元，转股溢价率高达202.99%。

由于亚药转债的转债流通市值占比非常高，达到35.85%，一旦亚药转债全部转股，正股流通股本将扩充1/3以上。再加上亚太药业在宁波富邦集团入主之前无实际控制人，公司股权架构非常分散，因此亚药转债自上市以来从未下修过转股价，进而造成亚药转债非常"鸡肋"。

此外，在亚药转债上市后，正股亚太药业因公司财务问题不断收到深交所问询函，亚药转债的信用评级更是不断被下调，从发行时的ＡＡ级下调到目前的Ｂ级。下表给出了亚药转债信用评级具体变动的时间。

评级标准	评级日期	信用评级	评级展望	变动方向	评级机构
债券评级	2021/11/11	B	—	下调	上海新世纪资信评估投资服务有限公司
主体评级	2021/11/11	B	负面	下调	上海新世纪资信评估投资服务有限公司
债券评级	2021/5/21	BB	—	下调	上海新世纪资信评估投资服务有限公司

续表

评级标准	评级日期	信用评级	评级展望	变动方向	评级机构
主体评级	2021/5/21	BB	负面	下调	上海新世纪资信评估投资服务有限公司
债券评级	2021/3/31	锁	锁	锁	中证指数有限公司
债券评级	2021/3/4	BBB	-	下调	上海新世纪资信评估投资服务有限公司
主体评级	2021/3/4	BBB	负面	下调	上海新世纪资信评估投资服务有限公司
债券评级	2020/10/13	锁	锁	锁	中证指数有限公司
债券评级	2020/7/10	锁	锁	锁	中证指数有限公司
债券评级	2020/6/29	锁	锁	锁	中证指数有限公司
债券评级	2020/4/29	A-	-	下调	上海新世纪资信评估投资服务有限公司
主体评级	2020/4/29	A-	负面	下调	上海新世纪资信评估投资服务有限公司
债券评级	2020/1/8	A+	-	下调	上海新世纪资信评估投资服务有限公司
主体评级	2020/1/8	A+	列入评级观察（可能调低）	下调	上海新世纪资信评估投资服务有限公司
主体评级	2019/11/7	AA	负面	维持	上海新世纪资信评估投资服务有限公司
债券评级	2019/6/24	AA	-	维持	上海新世纪资信评估投资服务有限公司
主体评级	2019/6/24	AA	稳定	维持	上海新世纪资信评估投资服务有限公司
债券评级	2018/10/12	AA	-	首次	上海新世纪资信评估投资服务有限公司
主体评级	2018/10/12	AA	稳定	首次	上海新世纪资信评估投资服务有限公司

出于风险控制，机构投资者是不能投资一些信用评级过低的可转债的，随着亚药转债的信用评级不断被下调，机构投资者纷纷抛售亚药转债也让其价格雪上加霜。亚药转债的发行规模高达9.65亿元，体量过大也导致游资看不上它。综合上述的种种原因，亚药转债自上市后价格一路下滑，到了2021年1月13日，更是创造了66.600元/张的历史最低价，如下图所示，而这也是可转债市场上有史以来的最低价格。

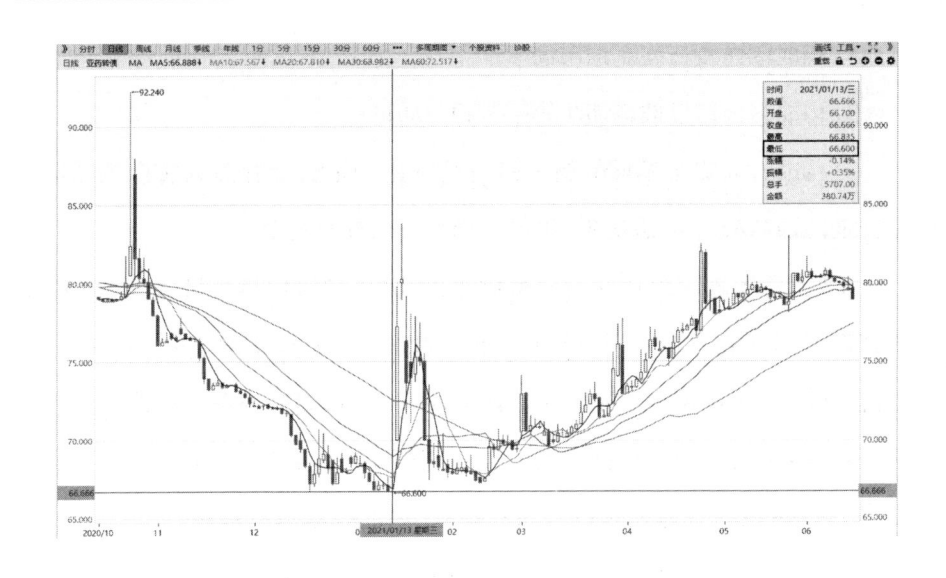

4. ST转债

ST转债主要是指那些正股被ST或ST戴帽的可转债。在了解这类可转债之前，我们先学习一下上市公司被实施退市风险警示的规则。

根据上交所和深交所的规定，上市公司出现下列情形之一的，交易所有权对其股票交易实施退市风险警示：

（1）最近两个会计年度经审计的净利润连续为负值或者因追溯重述导致最近两个会计年度净利润连续为负值；

（2）最近一个会计年度经审计的期末净资产为负值或者因追溯重述导致最近一个会计年度期末净资产为负值；

（3）最近一个会计年度经审计的营业收入低于1 000万元或者因追溯重述导致最近一个会计年度营业收入低于1 000万元；

（4）最近一个会计年度的财务会计报告被出具无法表示意见或者否定意见的审计报告；

（5）因财务会计报告存在重大会计差错或者虚假记载，被证监会责令改正但未在规定期限内改正，且公司股票已停牌两个月；

（6）未在法定期限内披露年度报告或者半年度报告，且公司股票已停牌两个月；

（7）构成欺诈发行强制退市情形；

（8）构成重大信息披露违法等强制退市情形；

（9）构成五大安全领域的重大违法强制退市情形，其中五大安全领域是指国家安全、公共安全、生态安全、生产安全和公众健康安全；

（10）出现本规则第12.11条、第12.12条规定（参照《深圳证券交易所股票上市规则》）的股权分布不再具备上市条件的情形，公司披露的解决方案存在重大不确定性，或者在规定期限内未披露解决方案，或者在披露可行的解决方案后一个月内未实施完成。规则的第12.11条和第12.12条主要涉及上市公司的要约收购，在这种情况下被收购的公司一般不存在经营困难的风险；

（11）法院依法受理公司重整、和解或者破产清算申请；

（12）出现可能导致公司被依法强制解散的情形；

（13）本所认定的其他存在退市风险的情形。

根据上述13条规则，一旦上市公司满足条件，则会被戴上ST或*ST的帽子。正股被实施退市风险警示，可转债也会受到不小的影响。

下表是截至2022年5月6日，在可转债市场中正股被戴帽的可转债。

代 码	转债名称	现价(元/张)	正股代码	正股名称	信用评级	剩余年限(年)
113027	华钰转债	154.940	601020	ST 华钰	A	3.107
110068	龙净转债	103.000	600388	ST 龙净	AA+	3.882
128124	科华转债	94.423	002022	*ST 科华	AA	4.227
113595	花王转债	115.380	603007	ST 花王	BBB-	4.208
113576	起步转债	107.560	603557	ST 起步	BBB+	3.929
123015	蓝盾转债	183.000	300297	*ST 蓝盾	BBB-	2.274

下面依次分析一下这些可转债的正股被戴帽的原因，以及可转债是否存在风险。

1）华钰转债

华钰转债（113027）的正股是ST华钰（601020），公司原名华钰矿业，西藏华钰矿业股份有限公司主要从事有色金属勘探、采矿、选矿及贸易业务，主营产品包括铅、锌、铜、锑、银、黄金等。

2021年4月29日,华钰矿业发布公告称,公司股票将被实施其他风险警示,华钰矿业因此被戴帽成为ST华钰。但实际上,华钰矿业被戴帽是有点儿冤的,华钰矿业与西藏开恒、西藏诚康发生的交易构成了日常关联交易,但是华钰矿业自身没有识别出来,结果2020年年报被立信会计师事务所出具了否定意见的审计报告。

根据之前提到的退市风险警示规则第四条:最近一个会计年度的财务会计报告被出具无法表示意见或者否定意见的审计报告。华钰矿业被戴上了ST的帽子。

而实际上华钰矿业本身的经营没有什么问题,公司在2020年和2021年均有盈利,戴帽原因说白了就是公司高层缺乏对关联交易的认识。因此,华钰矿业虽然被实施其他风险警示,但是企业本身的问题不是很大,华钰转债受此影响也很小,2021年4月30日华钰转债在复牌后只是下跌了10%左右,之后便稳步拉升,到了2021年8月底,华钰转债的价格竟然上涨到208.000元/张,如下图所示。

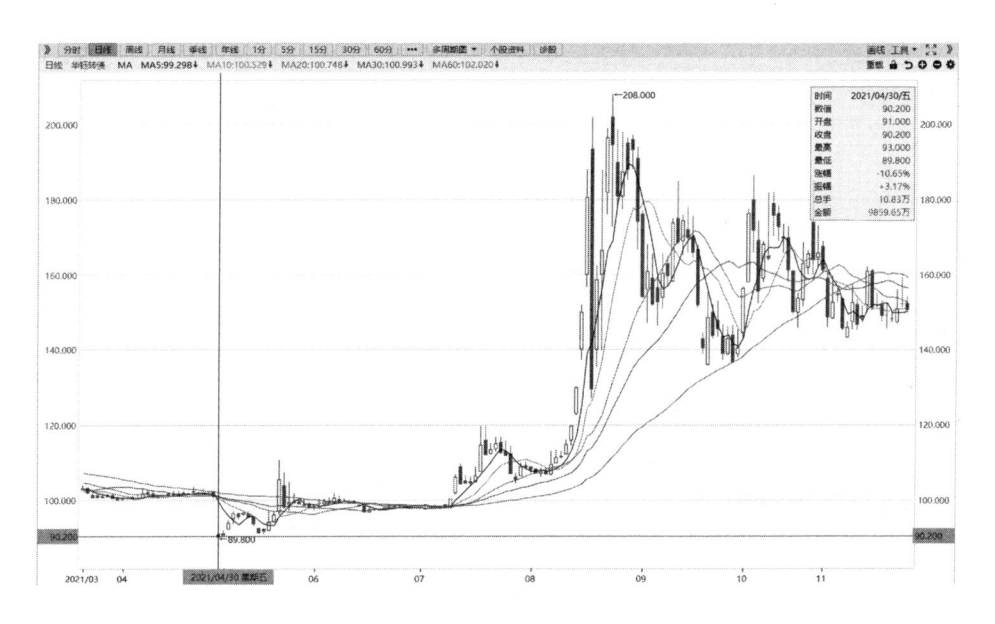

2)龙净转债

龙净转债(110068)的正股是ST龙净(600388),公司原名龙净环保,福建龙净环保股份有限公司的主营业务是专注于大气污染控制领域环保产品的研究、开发、设计、制造、安装、调试、运营。

2022年4月30日,龙净环保发布公告称,因2021年度容诚会计师事务所(特殊普通合伙)出具了否定意见的年度内部控制审计报告,认为龙净环保公司于2021年12月31日未能按照《企业内部控制基本规范》和相关规定在所有重大方面保持有效的财务报告内部控制。根据《股票上市规则》的规定,公司股票交易将被实施其他风险警示。

龙净环保由于被容诚会计师事务所出具了否定意见的审计报告,与华钰矿业的情况类似,因此龙净环保(600388)和龙净转债(110068)将于2022年5月5日停牌1天,自2022年5月6日起实施其他风险警示,在实施其他风险警示后股票价格的日涨跌幅限制为5%。

2022年5月6日,龙净环保复牌,当日开盘一字跌停,龙净转债跳空低开,盘中最低价跌破面值,为99.580元/张,收盘价为103.000元/张,如下图所示。

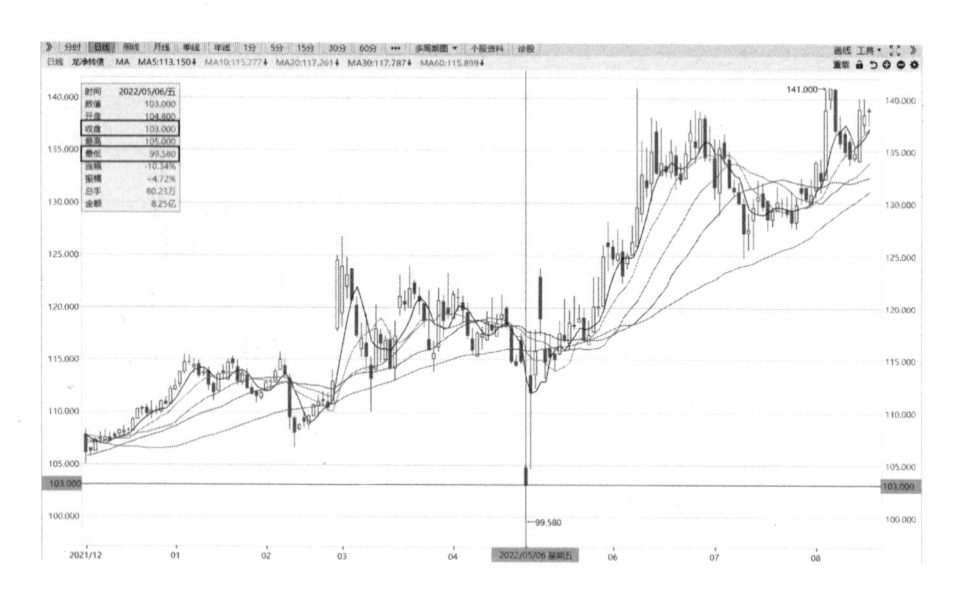

不过,需要注意的是,龙净环保公司在最近三年并没有出现亏损,并且截至2022年3月31日,公司期末现金及现金等价物余额高达15.92亿元。无论是从经营状况考虑,还是从公司资金面分析,龙净环保目前的运营状况基本不存在问题。

3）科华转债

科华转债（128124）的正股是*ST科华（002022），公司原名科华生物，上海科华生物工程股份有限公司的主营业务是体外诊断试剂、医疗检验仪器的研发、生产和销售，公司的主要产品包括体外临床免疫诊断试剂（包括快速诊断试剂）、体外临床化学诊断试剂、体外核酸诊断试剂，主要用于临床医院的化验检测、采供血系统献血员的筛选，以及边防海关、疾病预防控制系统的相关人群检测等。

2022年4月30日，科华生物发布公告称，因公司控股子公司西安天隆科技有限公司、苏州天隆生物科技有限公司（以下合称"天隆公司"）的管理层违反公司对控股子公司管理规章制度的规定，违反天隆公司《公司章程》的规定，拒绝履行天隆公司董事会做出的决议，拒绝配合公司聘请的立信会计师事务所（以下简称"立信会计师"）开展2021年度审计工作，拒绝提供天隆公司2021年度财务账册等重要信息，导致公司2021年度财务报告被立信会计师出具了无法表示意见的审计报告，触及《深圳证券交易所股票上市规则（2022年修订）》第9.3.1条第一款第（三）项规定："最近一个会计年度的财务会计报告被出具无法表示意见或者否定意见的审计报告"，因此，公司股票交易被深圳证券交易所实施退市风险警示。

受此影响，科华生物与科华转债在2022年5月5日停牌一天。

2022年5月6日，科华生物与科华转债复牌，在复牌当日科华生物一字跌停，科华转债开盘95.690元/张，收盘94.423元/张，盘中最低94.100元/张，盘中最高价即开盘价95.690元/张，如下图所示。

实际上，科华生物早在2022年4月20日晚间就发布了子公司"天隆公司"拒绝提供财务账册的消息，次日科华转债跳空低开，在收盘时跌幅达到7.39%。

科华生物面临的主要问题是子公司不配合审计，这些纠纷对于母公司而言存在潜在的经营风险。具体科华生物是否会爆雷退市，还需要看科华生物与子公司的纠纷如何解决。如果能够顺利解决，那么科华转债不属于问题严重的可转债。

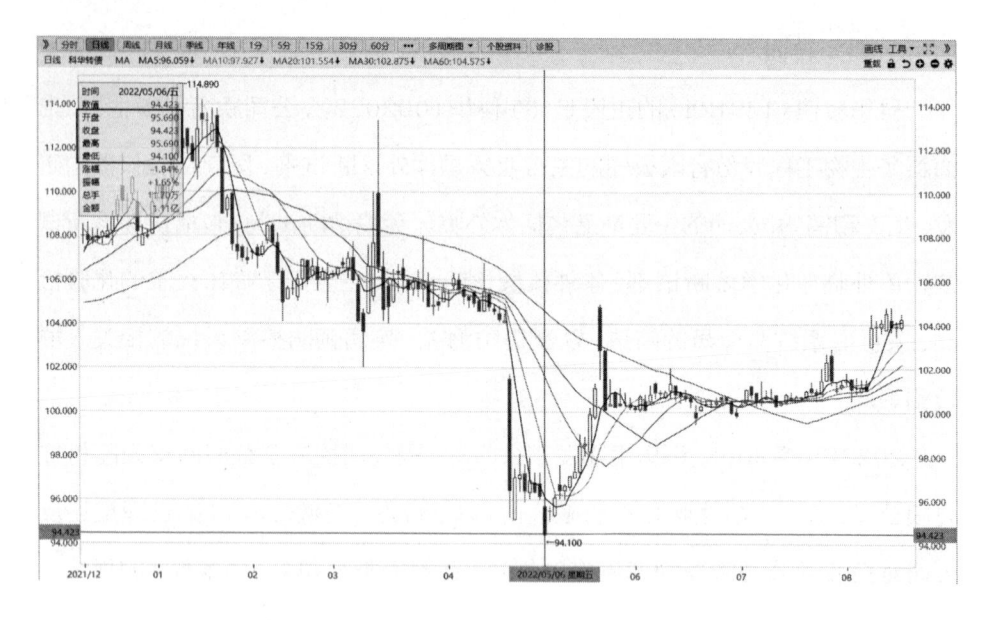

实际上，科华转债和龙净转债之前的信用评级都非常高，科华转债是ＡＡ的信用评级，龙净转债是ＡＡ+的信用评级，这两只可转债在爆雷前被很多机构持仓，例如截至2021年12月31日，科华转债的前十名持有人清一色是公募基金或者机构，见下表。

持有人名称	持有人标识	持有数量（万张）	比例(%)
中国工商银行股份有限公司—富国天兴回报混合型证券投资基金	基金	11.38	1.54
中国民生银行股份有限公司—东方双债添利债券型证券投资基金	基金	14	1.9
中国民生银行股份有限公司—天弘安康颐享12个月持有期混合型证券投资基金	基金	9.58	1.3
中国银河证券股份有限公司—天弘安盈一年持有期债券型发起式证券投资基金	基金	15.02	2.04
中银基金—工商银行—中银基金—中行绝对收益策略1号集合资产管理计划	一般机构	18	2.44
兴业银行股份有限公司—天弘永利债券型证券投资基金	基金	16.99	2.3
富国富益进取固定收益型养老金产品—中国工商银行股份有限公司	一般机构	36.01	4.88
新华信托股份有限公司—新华信托华悦系列—丰惠1号投资单一资金信托	一般机构	12.83	1.74
珠海保联资产管理有限公司	一般机构	137.43	18.63
UBS AG	一般机构	100.55	13.63

截至2021年12月31日，在龙净转债的前十名持有人中，有社保基金、公募基金和私募基金，见下表。

持有人名称	持有人标识	持有数量（万张）	比例(%)
中国石油天然气集团公司企业年金计划—中国工商银行股份有限公司	一般机构	45.51	2.28
全国社保基金二零六组合	一般机构	23.57	1.18
兴业银行股份有限公司—天弘永利债券型证券投资基金	基金	59.59	2.98
君信和（珠海横琴）私募基金管理有限公司—君信和乐飞一号私募证券投资基金	基金	28.8	1.44
富国富益进取固定收益型养老金产品—中国工商银行股份有限公司	一般机构	46.95	2.35
西北投资管理（香港）有限公司—西北飞龙基金有限公司	一般机构	40	2
西藏阳光泓瑞工贸有限公司	一般机构	82.86	4.14
西藏阳光瑞泽实业有限公司	一般机构	56.14	2.81
龙净实业投资集团有限公司	一般机构	361.61	18.08
UBS AG	一般机构	81.74	4.09

我们知道，机构是不能持有信用评级过低的可转债的，如果可转债的正股被ST戴帽，那么之后可转债的信用评级会迅速下调，这些机构出于风险控制的原因，纷纷在可转债复牌后抛售可转债，巨大的抛压造成了这些可转债的价格迅速跳水。

4）花王转债

花王转债（113595）的正股是ST花王（603007），公司原名花王股份，花王生态工程股份有限公司主要从事市政园林景观及旅游景观、道路绿化和地产景观等领域的园林绿化工程设计和施工业务，兼营花卉苗木的种植业务。

2021年4月29日，花王股份发布公告称，因2020年度公司实际控制人及控股股东存在非经营性占用资金的情况，中汇会计师事务所（特殊普通合伙）出具了否定意见的《2020年度内部控制审计报告》，认为由于公司存在重大缺陷及其对实现控制目标的影响，公司于2020年12月31日未能按照《企业内部控制基本规范》和相关规定在所有重大方面保持有效的财务报告内部控制。根据《股票上市规则》第13.9.1条等相关规定,公司股票交易将被实施其他风险警示。

受此影响,花王股份、花王转债、花王转债转股将于2021年4月30日停牌1天。

2021年5月6日,花王股份复牌,被戴帽后公司简称变为ST花王。花王转债在复牌首日跳空低开,开盘价为85.600元/张,盘中最高价为87.000元/张,最低价为85.510元/张,收盘价为86.040元/张,跌幅高达5.32%,如下图所示。

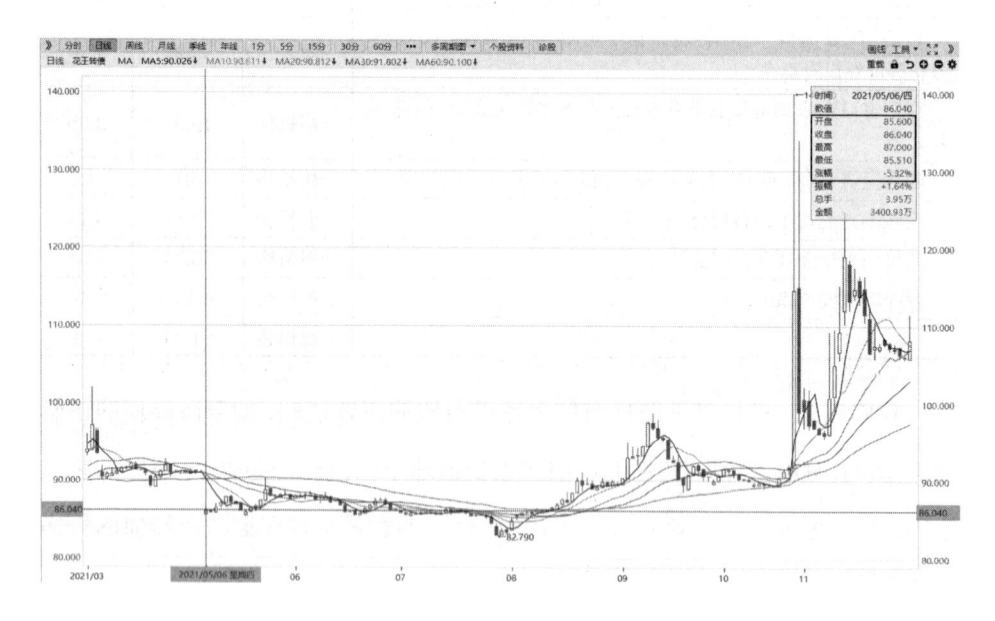

虽然花王转债在此之后有过多次脉冲行情,但是当时花王转债的上涨都是游资炒作的结果。花王股份本身的问题还是比较大的,例如,花王股份在2020年和2021年连续两年亏损,公司面临破产重整的压力。

5)起步转债

起步转债(113576)的正股是ST起步(603557),公司原名起步股份,起步股份有限公司的主营业务是童鞋、童装和儿童服饰配饰等的设计、研发、生产和销售,公司的主要产品是儿童皮鞋、运动鞋、布鞋、儿童服装及服饰配饰。

2021年4月29日,起步股份发布公告称,公司被天健会计师事务所(特殊普通合伙)出具了否定意见的《2020年度内部控制审计报告》,认为起步股份违反了《股票上市规则》《上市公司信息披露管理办法》《信息披露事务管理制度》的相关规定，未按要求对关联方资金往来和对外担保事项及时履行信息披露。起步股份的内部控制未能防止或及时发现并纠正上述违规行为，存在重大缺陷。由于存在上述重大缺陷及其对实现控制目标的影响，起步股份于2020年12月31日未能按照《企业内部控制基本规范》和相关规定在所有重大方面保持有效的财务报告内部控制，根据《股票上市规则》第13.9.1条的规定，公司股票将被实施其他风险警示。

受此影响，起步股份、起步转债、起步转债转股将于2021年4月29日停牌1天。

2021年4月30日，起步股份复牌，被戴帽后公司简称变为ST起步。起步转债在复牌首日跳空低开，开盘价为91.500元/张，盘中最高价为98.000元/张，最低价为90.100元/张，收盘价为90.290元/张，跌幅高达11.26%，如下图所示。

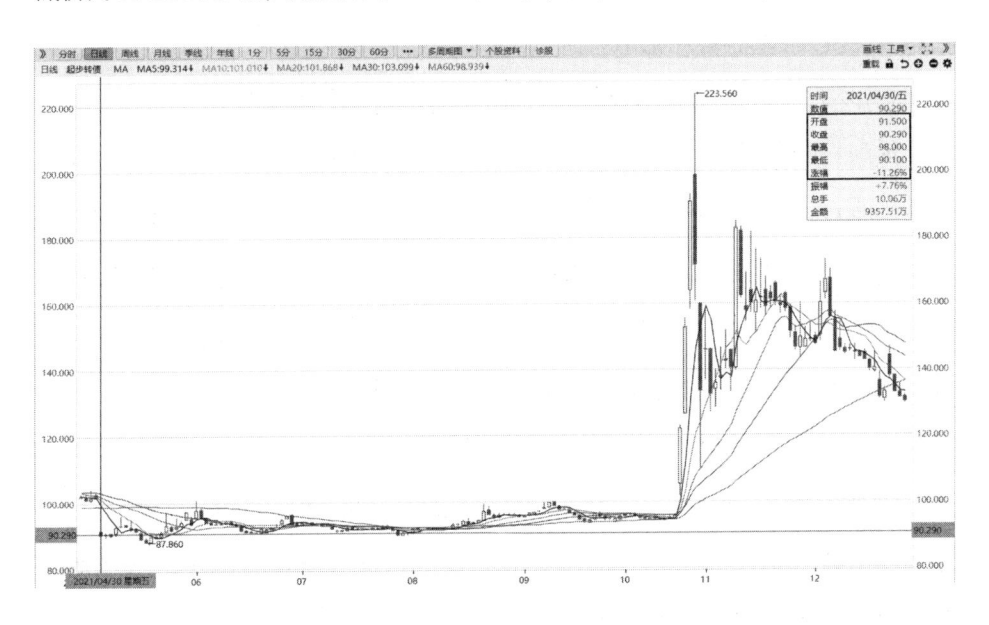

起步转债在正股被ST后价格曾一度涨到200元/张以上，但主要原因还是起步转债的剩余规模小，被游资炒作。起步股份在2020年和2021年连续两年净利润为负值，公司自身的经营状况已经出现了问题。

6）蓝盾转债

蓝盾转债（123015）的正股是*ST蓝盾（300297），公司原名蓝盾股份，蓝盾信息安全技术股份有限公司的主营业务为安全产品的研发、生产及销售、安全集成、安全服务、安全运营，公司的主要产品及服务为信息安全产品、信息安全集成、信息安全服务、电磁安防产品、电磁安防工程、电磁安防服务、系统服务、推广运营服务。

2022年4月28日，蓝盾股份发布公告称，鹏盛会计师事务所（特殊普通合伙）对公司2021年度财务报表出具了无法表示意见的审计报告。根据《深圳证券交易所创业板股票上市规则》10.3.1条第一款第三项的规定，公司出现"最近一个会计年度的财务会计报告被出具无法表示意见或者否定意见的审计报告"的情形，公司股票交易将被实施退市风险警示。

此外，公司2019年、2020年、2021年度扣除非经常性损益前后净利润孰低者均为负值，且鹏盛会计师事务所（特殊普通合伙）对公司出具《2021年审计报告》显示公司持续经营能力存在不确定性。根据《深圳证券交易所创业板股票上市规则》9.4条第六项的规定，公司出现"最近三个会计年度扣除非经常性损益前后净利润孰低者为负值，且最近一年审计报告显示公司持续经营能力存在不确定性"的情形，公司股票交易将被深圳证券交易所实施其他风险警示。根据《深圳证券交易所创业板股票上市规则》9.2条的规定，上市公司股票交易被实施退市风险警示的，在股票简称前冠以"*ST"字样；被实施其他风险警示的，在股票简称前冠以"ST"字样，以区别于其他股票；公司同时存在退市风险警示和其他情形的，在股票简称前冠以"*ST"字样。因此，鉴于公司当前情况，公司股票同时触及退市风险警示及其他退市风险警示情形，将被实施退市风险警示及其他风险警示，在公司股票简称前将冠以"*ST"字样。

蓝盾股份可谓差到了极致，不但年报被出具了无法表示意见的审计报告，而且最近三个年度的扣非净利润均为负值。受此影响，蓝盾股份和蓝盾转债自2022年4月28日开市起停牌1天。公司股票自2022年4月29日开市起被实施退市风险警示及其他风险警示，股票简称由"蓝盾股份"变更为"*ST蓝盾"，股票交易的日涨跌幅限制不变，仍为20%。

2022年4月29日，蓝盾转债在复牌首日跳空低开，开盘价为147.690元/张，盘中最低价为131.500元/张，最高价为147.690元/张，收盘价为136.600元/张，跌幅高达16.76%，如下图所示。

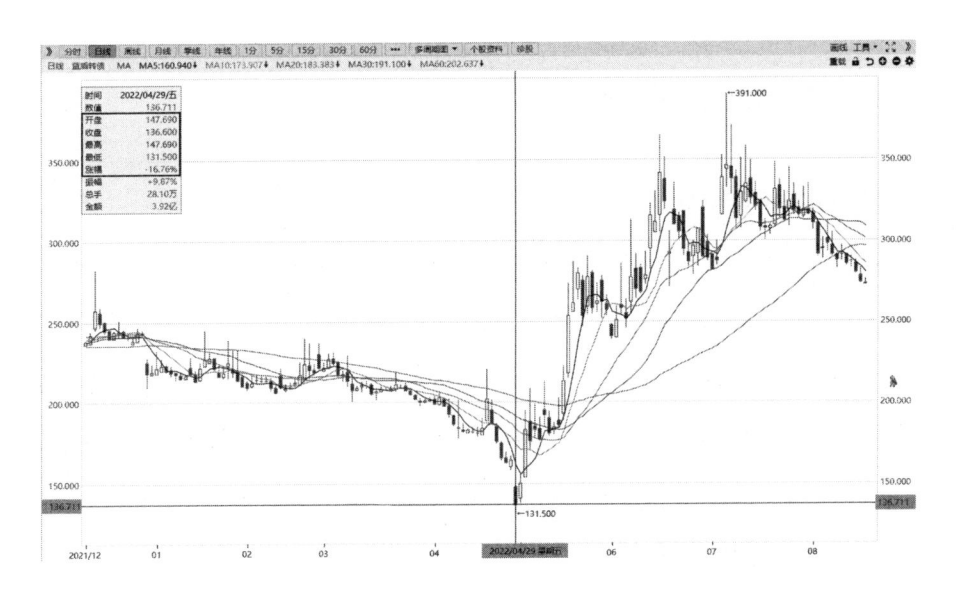

令人震惊的是，蓝盾转债在复牌后的第二日和第三日连续大涨，在2022年5月6日的涨幅高达22.00%。蓝盾转债之所以大涨，与剩余规模仅有1亿元，被游资炒作有关。

蓝盾股份最近三年的业绩非常差，蓝盾转债的价格虽然还维持在高位，但本质上已经沦为游资炒作的工具，普通投资者更不应该贸然进场尝试。

综合来看，上述6只正股被ST的可转债，或多或少都是存在问题的。从目前来看，华钰转债（113027）、龙净转债（110068）和科华转债（128124）的安全性相对较高，花王转债（113595）、起步转债（113576）和蓝盾转债（123015）的正股都存在非常严重的问题。

花王转债（113595）、起步转债（113576）和蓝盾转债（123015）在正股被ST后都出现过脉冲行情，但本质上都是游资炒作的结果，投资者在选择这类可转债时一定要小心谨慎。尤其是蓝盾转债，截至2022年5月6日，蓝盾转债的转股溢价率高达727.79%，蓝盾转债已经完全沦为游资炒作的工具，普通投资者对于蓝盾转债这类高价格、高转股溢价率的"问题债"一定要敬而远之。

对于正股被ST的"问题债"，我们可以选择在低位埋伏，但仓位一定不要过高。投资可转债的第一要义是风险控制，虽然一些"问题债"创造过短暂的"辉煌"，但是它们还是存在很高的违约风险的。对于普通投资者而言，切莫配置很高的仓位对"问题债"进行博弈。

二、可转债违约

A股市场上债券违约的情况屡见不鲜，但是到目前为止，在可转债市场风风雨雨的二十多年中，还没有出现过一只可转债违约。

可转债与普通的公司债、企业债等债券存在很大的差别，这些差别让可转债相比于其他普通债券更加灵活。例如，在熊市行情中，当可转债价格跌破面值严重时，上市公司可以通过下修转股价提升可转债的转股价值，进而拉高可转债的交易价格。即使上市公司不主动下修转股价，可转债投资者也可以灵活地运用有条件回售条款，当可转债进入回售期后，上市公司出于各方面压力，不得不下修转股价，从而避免了两败俱伤。相比之下，普通债券的规则相对较少，对投资者权益的保护也没有可转债那么完善，这就造成了普通债券时常出现违约，而可转债目前无一违约的情况。

当然，我们也要明白一件事：过去不会发生，未必代表未来不会发生。首先，在过去二十多年的可转债市场中，已发行并且退市的可转债总量并不是很多，而近几年每年新发行的可转债就高达上百只。因此，在过去的一个小容量中没有发生过可转债违约，并不代表未来大容量可转债市场不会出现违约现象。随着可转债的发行越来越多，未来出现违约债的可能性会进一步提高。

其次，伴随着A股市场可能推行注册制，很多盈利能力不是很强的公司开始登陆沪、深两市，可转债的违约风险也就相应增加了。

最后，如果我们回溯可转债市场风风雨雨的二十多年，则会发现，在此期间，A股市场出现了两轮大牛市，分别是2007年和2015年，如下图所示。在这两轮牛市期间，有很多质地很差的上市公司股价大涨甚至翻了好几倍，正股暴涨带动一大批可转债飞涨，进而强赎退市。

中行转债（113001）和工行转债（113002）也是牛市中收益可转债的典型案例。这两只可转债的价格在上市后第五年还在面值附近徘徊，如果不是遇到了2015年的牛市，那么很难想象发行规模这么大的中行转债和工行转债会以什么形式结束。即使最后中国银行（601988）和工商银行（601398）到期赎回了这两只可转债，这6年来持续的价格低迷，也不会给投资者好的投资体验。

在过去的二十多年中，A股有规律地每隔7～8年出现一次大牛市，而很多可转债的存续期恰恰为6年，这就造成了一个有趣的现象：即使在可转债上市后，上市公司表现非常差，也不采取任何补救可转债的措施，但总能碰上一段好行情，使得可转债问题被顺利地解决。

但是，未来A股市场还会这么有规律地出现牛市吗？我们要知道，2022年距离2015年已经过去了7年之久，但是2022年的市场行情大家有目共睹。如果未来A股市场逐渐走向成熟，呈现出慢牛、长牛的特性，那么那些业绩不好的上市公司发行的可转债还会像之前那么幸运吗？我认为大家需要认真地考虑这个问题。

三、如何应对可转债违约情况

作为低风险、稳健型的投资者,我们如何应对可转债市场潜在的违约风险呢?实际上,这个问题也就是我们如何对待"问题债"的问题。

很多投资者嘲笑机构投资者不持仓一些低评级的"问题债",结果错过了不少"妖债"飞升的行情。但是,我们换一个角度去想一想,如果某只"问题债"真的违约了,那么这个损失你能够承受得了吗?因此,我认为,对于"问题债",我们一定要有可行的应对策略。

1. 查明"问题债"的真正问题

查明"问题债"的真正问题,对于我们处理"问题债"具有指导意义。尤其是在极端行情下,市场情绪普遍比较悲观,这时候很多可转债往往会被错杀。除此之外,一些正股因某些会计处理问题被戴帽的,自身经营不存在大的问题的发债公司,也应该认真核查。例如,上文列举的华钰转债(113027)和龙净转债(110068),正股并没有严重的财务问题,只是因为一些特殊的原因被戴帽,它们被错杀时就存在投资价值。

相反,如果一些"问题债"的上市公司存在严重的财务造假,或者近几年的经营每况愈下,如上文所述的蓝盾转债(123015),那么我们要坚决回避。

2. 不追涨控仓位

不少投资者看到一些"问题债"被炒作后价格拉升很快,忍不住追涨进去,结果却成了游资拉高出货的接盘侠。

对于"问题债",如果想要买入并博弈阶段性行情,那么要注意以下三点:

首先要选择低位埋伏,千万不要追高。低位买入"问题债",即使"问题债"最后爆雷,损失也不会过于惨重。

其次要选择那些小规模的"问题债"。如花王转债(113595)和起步转债(113576)这两只问题严重的可转债,之所以能够出现阶段性暴涨行情,与它们的剩余规模较小密切相关,花王转债的剩余规模仅有3.30亿元,起步转债的剩余规模仅有2.66亿元。盘子小的可转债容易受到游资的青睐,我们可以利用这一点。

最后要严格控制仓位,如单只"问题债"在可转债投资组合中的仓位不超过1%、合计持有的"问题债"不超过三只等。如果我们能够控制好"问题债"的仓位,那么,即使某只"问题债"最终出现了问题,对我们整体收益的影响也不会很大。

3. 做套利不长持

对于"问题债",我们可以选择进行短线套利。如果"问题债"的正股质地过差,则不建议长期持有。

例如,因正股搜于特(002503)经营困难而被挂名"问题债"的搜特转债(128100)在2022年3月初有过一段脉冲行情,主要原因是正股搜于特有望被广州高新区投资集团有限公司重整,连续出现两个涨停,搜特转债的价格也一度上涨到130元/张以上。然而,由于搜于特重整申请能否被法院受理未定,搜特转债之后的价格迅速回落,如下图所示。当时做短线套利的投资者能够获利,而打算长期持有的投资者多数暂时被套。

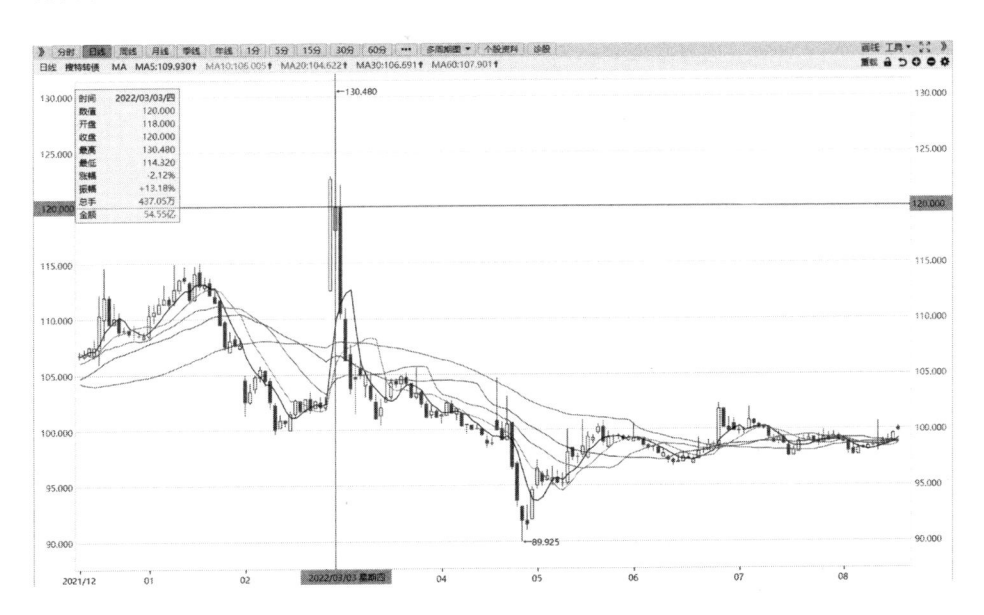

基于一些"问题债"可能出现阶段性行情的特点,投资者可以选择小仓位进行短线套利,而不是长期持有。

后　　记

　　一直以来，可转债都是低风险、相对较高收益的投资品种，对于稳健型的投资者来说是非常不错的投资标的。2022年市场呈现出单边下跌的行情，不少投资者的收益出现大幅回撤。笔者在2022年选择了相对保守的可转债投资策略，主要是选取一些低价和双低的可转债纳入投资组合。在2022年众多权益类资产折戟的不利因素下，笔者的可转债投资组合逆势取得了相对不错的正收益。

　　本书系统地阐述了可转债的各种规则，为大家提供了操作可转债的参考借鉴，也详细地列举了不少可转债投资策略，为大家提供了一些投资思路。当然，由于笔者能力有限，本书的内容可能存在一定的局限性，欢迎各位读者包容与斧正。